JN320240

W&D WORK & DRILL ……ワークとドリルで学ぶ

サッカー実戦メンタル強化法

—— 思考・判断・行動力養成プログラム

H.スヴォボーダ／
M.ドラクザル [著]
三森ゆりか／田嶋幸三 [監訳]
今井純子 [訳]

Fußball mit Köpfchen

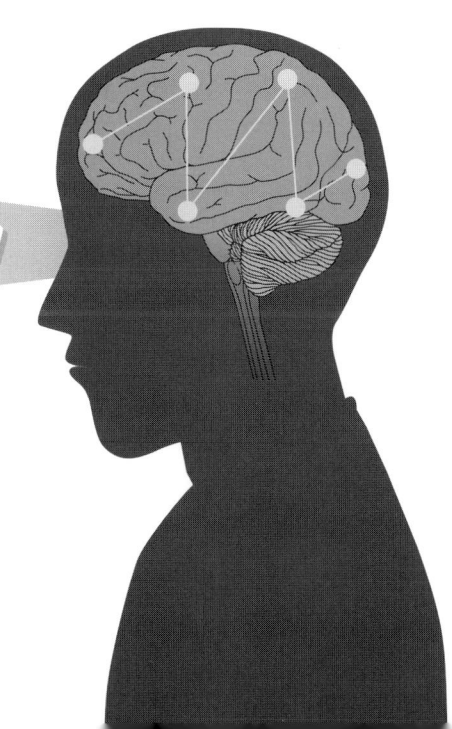

大修館書店

Fußball mit Köpfchen

Helmut Svoboda und Michael Draksal

Copyright © 2002 DRAKSAL Publishing
DRAKSAL VERLAG, Robert-Volkmann-Str. 1,
D-04317 Leipzig, Germany
by arrangement through The Sakai Agency

Taishukan Publishing Co., Ltd.
Tokyo, Japan, 2007

Preface
まえがき

　サッカーの能力は，トレーニングの長さや回数といった量よりは，むしろより質の高いトレーニングの結果，向上するものであると言えます。これまであまり重視されてこなかった分野をふだんのトレーニングに取り入れれば，トレーニングの質を，すばやく簡単に向上させることができます。そしてその重視されてこなかった分野というのが，まさに，メンタルトレーニングという分野なのです。
　メンタルトレーニングがコンディショントレーニングや戦術トレーニングに比べて重視されないのは，そもそも選手やコーチが，メンタルトレーニングの中に効果的で容易に実践可能なものがあるということを知らないからだと私たちは考えています。最終的に勝敗を決定するのは「頭」だということは，誰もがわかっていることです。

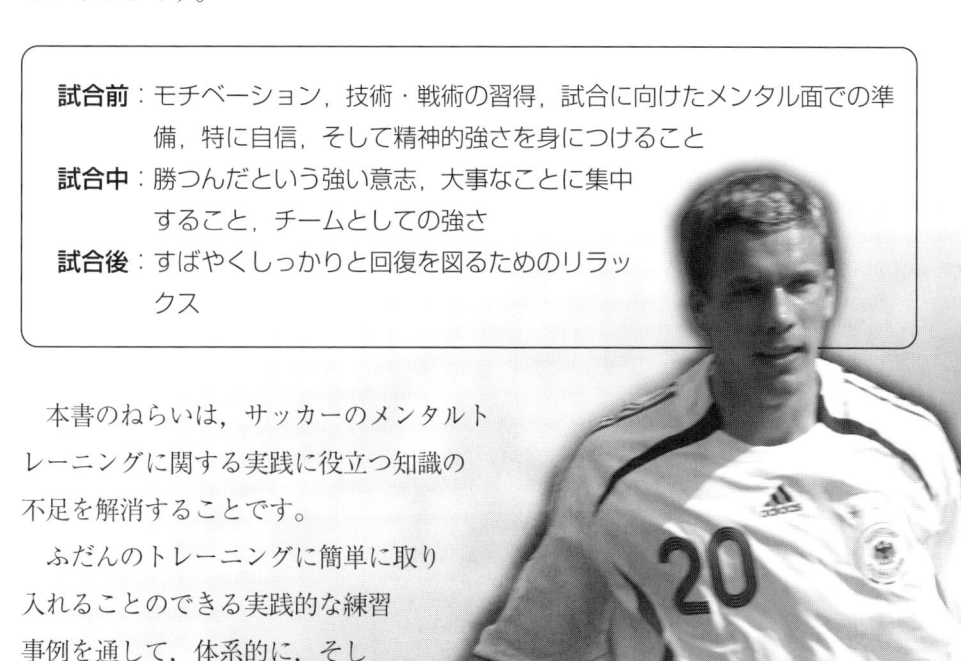

> **試合前**：モチベーション，技術・戦術の習得，試合に向けたメンタル面での準備，特に自信，そして精神的強さを身につけること
> **試合中**：勝つんだという強い意志，大事なことに集中すること，チームとしての強さ
> **試合後**：すばやくしっかりと回復を図るためのリラックス

　本書のねらいは，サッカーのメンタルトレーニングに関する実践に役立つ知識の不足を解消することです。
　ふだんのトレーニングに簡単に取り入れることのできる実践的な練習事例を通して，体系的に，そしてわかりやすく，サッカーにおいて心理学がどのように

作用するのかを示します。このワークブックに真剣に取り組めば，以下に挙げる目標が達成されるはずです。

> ◆成功への道が開ける。
> 　　　（キーワード：環境マネジメント，目標設定およびモチベーション）
> ◆これまで以上にプロフェッショナルなトレーニングになる。
> 　　　（キーワード：コンディショントレーニング，パワートレーニング，身体の柔軟性のトレーニング，スピードトレーニング，コーディネーショントレーニング，食事，ビデオ分析およびメンタルトレーニング）
> ◆技術レベルが一段階上がる。
> 　　　（キーワード：頭の中での技術トレーニング，ビジュアル化，技術を運動記憶へ焼きつける）
> ◆習得してレベルの上がったプレーを実戦で発揮する。
> 　　　（キーワード：チームとしての強さ，プレッシャーの中でも安定した力が発揮できる，メンタル面の強さおよび勝負強さ）

まえがき

　うまくなりたい，強くなりたいという気持ちを持ったサッカー選手であれば，本書を通して成功への道を知ることができるでしょう。しかし，その道を進むのはあくまでもあなた自身です。人はアドバイスはできてもあなたの代わりはできません。優れた選手とそうでない選手との差も，そういうところで決まってきます。すなわち，自分の進む道の正しさをどれだけ信じているか，試合に向けてどれだけ徹底して，しかも粘り強く取り組めるか，そして，たとえ長期間まったく成果が出なくても，成功のためにどれだけのエネルギーを持続的につぎ込むことができるのか，というところで決まってくるのです。

　このワークブックの表やテストは，実際に記入するためにあります。ぜひこの機会を生かして積極的に学びましょう。そうしてこそすべての効果が出てくるのです。新しいトレーニングを取り入れるにあたっては，時間的な問題もあるでしょう。しかし，あなたがメンタルトレーニングにつぎ込む時間は，あなたの能力の開発にターボのような威力を発揮します。かけたその時間は100倍になって戻ってくるのです。肝心なのは，早い遅いは別として，「自分はやったんだ」という達成感がいつか必ず訪れるということです。それに伴ってサッカーも楽しくなりますし，その時の気持ちは，自分の選手生活にとってどんなに高い給料よりも価値のあるものであると言えます。

　かつてブッダは言いました。「あなたの課題は，自分の課題が何であるかを見極め，全身全霊をそこに注ぐことにある」と。この意味において，このワークブックを皆さんが楽しみながら読んでくださること，そして本書によって新しく得た情報を皆さんが楽しみながら実践してくださることを，著者一同，願っています。

2002年9月
ヘルムート・スヴォボーダ＆ミヒァエル・ドラクザル

Foreword

監訳にあたって

　　Logisch!（論理的！）　Vernünftig!（理性的！）

　私の中で「サッカー」，というよりは「Fussball（フースバル）」はそのような言葉と直結しています。小学生時代から分析的，論理的に考え，論理的に表現することを指導するドイツの教育内容の在り方は，ドイツにおいてはサッカーのあらゆる分野でも働いているのではないかと私は長い間仮説を立てていました。本書ともその仮説の一貫の中で出会いました。

　私が初めて見たサッカーの試合はブンデスリーガーの試合。それまで私にとってのサッカーは，男子が部活動で夢中になっているスポーツという認識に過ぎませんでした。父親の仕事の都合で西ドイツに移り，そこで初めて「Fussball」を見た私は，「論理的」「理性的」などという言葉が飛び交う解説を聞きながら，ぼんやりと「ドイツの学校の授業と同じだ」と考えました。折しも西ドイツでは1972年にミュンヘンオリンピック大会（これは別の意味で人々の記憶に刻みつけられた大会でした），1974年にワールドカップ大会が開催され，西ドイツの試合がある日などは，2006年のワールドカップ大会の折に日本選手団が滞在したボンの町にはバスや電車など公共の交通機関以外は全く人の動く気配がないという緊張がみなぎっていました。

　そのような中で私にとって忘れられないのが，当時のオランダのスーパースター，ヨハン・クライフのインタビューです。インタビュアーに判断を問われたクライフは，立て板に水のように次々と自分の判断について論理的な説明を展開し，インタビュアーが口を挟む隙さえ与えなかったのです。しかも，将棋で言われる「三手の読み」同様，先の先まで読んでの判断だったことがアピールされ，さらに別の状況が生じたときの代替案が披露されました。

　この時から私の頭の中では，「Fussball」が西ドイツの学校の授業内容と繋がりました。データを論理的に分析しながら議論をし，それを小論文に落とすことが繰り返されるドイツの学校教育。言語系，社会科系，理科系，芸術科系など全ての教科で同様の授業が実施されるこうした教育内容の全てが，

監訳にあたって

クライフのインタビューに象徴されていると当時の私はおぼろげながら考えたのです。そして，母語があらゆる社会生活の要である以上，Fussball自体も当然のことながらドイツの母語教育の体系の上に形成され，「ドイツの母語教育→Fussballの土台」という図式が成立しているはずだと私は素人ながら考えるようになりました。そういう意味で，(財)日本サッカー協会の田嶋幸三専務理事から「言語技術をサッカーに！」という依頼のメールが舞い込んだとき，私は正直驚きました。「同じことを考えていた人がいたなんて！」という驚きです。

本書の原題は「Fußball mit Köpfchen」。「頭でするサッカー」と翻訳できます。本書は，メンタルトレーニングのワークブックの形式で書かれています。しかしその内容の理解には，ドイツの母語教育の本質である「言語技術」の基礎知識は欠かせません。メンタルトレーニングが言葉を介して実施される以上，彼らの母語教育の内容が土台になるのは当然のことなのです。同様にアメリカなどで著されたメンタルトレーニングの書物も「言語技術」の影響を受けています。なぜなら「言語技術」はその源をギリシア時代にまで遡るため，欧米各国の言葉の教育に多大な影響を与えており，事実「言語技術」という言葉自体が英語の「Language Arts」の訳語なのです。

本書は，ドイツ語で書かれたメンタルトレーニングの内容に，その理解に必要な「言語技術」の内容をコラムの形で加筆するという構成になっています。トレーニングのやり方に疑問を持ったら，まずコラムの内容を確認し，言葉の技術がどのようにメンタルトレーニングに応用できるのかを考えてみて下さい。本書でメンタルトレーニングと「言語技術」の関係性をひとたび理解すると，その他の言語で書かれた類似の書物の理解にも「言語技術」の知識が活用できることを実感できるようになることでしょう。そのような意味でも本書が皆様のお役に立つことを私は願っております。

＊原田泰夫九段「常に目先を読む『三手の読み』（こうやる，こう来る，そこでこう指す）」を提唱

2007年3月　つくば言語技術研究所所長
三森 ゆりか

CONTENTS

まえがき —————————————————————————————— 3
監訳にあたって ———————————————————————————— 6
イントロダクション ——————————————————————————— 10

第1章　環境マネジメントと目標設定 ————————————————————— 13

■1−1　自分を取り巻く環境を分析する ——————————————————— 13
■1−2　目標を設定しモチベーションを高める ————————————————— 18
　　●目標設定トレーニング ———————————————————— 18
　　●スローガン ————————————————————————— 25
　　●音楽 ——————————————————————————— 26
　　●アイドル ————————————————————————— 28
　　●目標設定トレーニングとモチベーションについてのまとめ ———————— 29

■1−3　トレーニング内容を分析する ———————————————————— 31
■1−4　食事と栄養を改善する ——————————————————————— 33
　　●トレーニング期間中の食事 —————————————————— 34
　　●試合前の食事 ———————————————————————— 34
　　●試合直前の食事 ——————————————————————— 35
　　●試合中の栄養補給（＝ハーフタイムの時）————————————— 35
　　●試合後の栄養補給 ——————————————————————— 35

第2章　チームスピリットとメンタルトレーニング ————————————————— 36

■2−1　グループからチームへ ——————————————————————— 36
　　●衝突の建設的な解決 ————————————————————— 37
　　●リーダーの育成 ——————————————————————— 44
　　●チームとしてのまとまり（チームスピリット）——————————— 45

■2−2　集中力の養成トレーニング ————————————————————— 47
　　●集中力 —————————————————————————— 47
　　●集中力テスト ———————————————————————— 51
　　●フロー —————————————————————————— 58

■2−3　ストレスに対する対処法（最適な緊張状態をつくる）————————————— 60
　　●リラックス ————————————————————————— 61
　　●活性化 —————————————————————————— 67

■ 2-4　精神力を強化するトレーニング ─── 72
　● 実践の場での活用 ─── 74
　●「思考」の力 ─── 76
　● 思考をストップ ─── 85

第3章　頭の中の技術トレーニング ─── 88
　● 予備的トレーニング ─── 88
　● 頭の中での技術トレーニング ─── 93
　● 成功のビジュアル化 ─── 100

第4章　試合に向けたメンタル面の準備 ─── 108
　● 原則1 ─── 108
　● 原則2 ─── 108
　● 原則3 ─── 109
　● 原則4 ─── 111

第5章　メンタル面のコーチング ─── 112
　● 同意 ─── 112
　● 試合におけるコーチング ─── 114
　● ビデオの使用 ─── 115

第6章　ゴールキーパーのメンタルトレーニング ─── 116
　● 専門知識 ─── 117
　● 楽しさを生み出す ─── 119
　● ワンショット・トレーニング ─── 124
　● 反応スピード・トレーニング ─── 124

[監訳者注]
　問答の基本 ─── 20　　事実か意見か ─── 39　　議論に必要なスキル ─── 40
　アピール ─── 43　　描写 ─── 104　　絵の分析／視点を変える ─── 106
　パラグラフ・ライティングと物語の構造 ─── 121

参考文献 ─── 127

Introduction

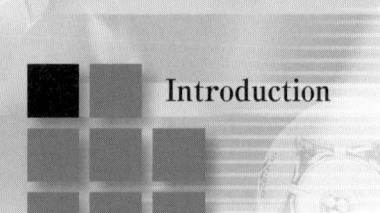

イントロダクション

「やろうと思うだけでは足りない。実際に行動を起こすことだ。」(ゲーテ)

「始めるのは簡単だが,粘り強くがんばり抜くことこそが重要である。」(諺)

　このワークブックでは,技術や戦術のトレーニングではなく,サッカーの試合におけるメンタル面のトレーニングを扱います。どんなに優れたボール感覚を持っていたとしても,肝心な時にナーバスになってしまい,絶好のチャンスをゴールに結びつけられなかったらどうでしょう？　高いレベルの競技志向のサッカーにおいては,メンタル面が非常に大きな役割を果たしていることは,コーチも選手も皆わかっています。ただ,どのようにして「頭」をトレーニングしたらよいのかという点が,これまで十分に扱われてこなかったのです。

　本書が提供する実践的なアドバイスは,そうした穴を埋めることができます。ここではサッカーをプレーするうえでのメンタル面の強化をテーマにあらゆる事柄を扱います。理論から始めて,ふだんのトレーニングに簡単に取り入れることができる実践的な練習方法に至るまで,さまざまなことを扱います。メンタルトレーニングの目的は,以下の通りです。

メンタルトレーニングの目的

◆成功への道を切り開く(環境マネジメント/目標設定/**リソース**の有効活用)。
◆一人ひとりの選手がフィールド上では一丸となるようなチームにする。
◆技術や戦術をより早く習得し,身につける。
◆学んだことはすべて実際の試合でも発揮できるようにする。

リソース　自分の持っている能力・環境

　これらは最終的に,トレーニングや試合をもっと楽しくするため(そしてモチベーションが高くなることで,長い目でみれば今まで以上に成功を得られるようにするため)の方法なのです。

■イントロダクション■

　本書は，競技志向でサッカーをするコーチ，選手を対象としています。
　ふだんのトレーニング，とりわけ長期的・持続的トレーニングは必須であり，その代わりになるものはありません。そして，メンタルトレーニングもまた，ふだんの練習同様に実際に実施されなければなりません。この本のワークシートは，そのための多くのヒントを与えてくれるはずです。メンタル面だけの特別なトレーニングをあえて取り入れることの効果は，実践の場でも実証されています。それがわかっていないと，この本を読み通すだけで終わってしまう危険性があります。ふだんのトレーニングにもメンタルトレーニングの要素を加え，真剣に練習に取り組むことが必要です。日頃のサッカートレーニングとメンタルトレーニングのコンビネーションこそ，成功への王道なのです。
　本書で紹介するメンタルトレーニングの中には，おそらく皆さんが初めて行うものもあり，初めは慣れない感じがすることと思います。ですから私たちは，コーチや選手の皆さんに「とにかく4週間だけ真剣に取り組んでみてください」と提案します。そしてそのうえでメンタルトレーニングが本当に役に立つかどうかを判断してください。
　私たちは，本書で示すことを皆さんに押しつけるつもりはありません。一人ひとりの人生なのですから，どうするかは皆さんが決めることです。私たちがめざしているのは，皆さんに頂点への道を示すことです。ですからもう一度重ねて次のことを申し上げておきたいと思います。
　この本を読み通す，それだけではあなたのサッカーには何の役にも立ちません。定期的，かつ長期的にメンタルトレーニングを行って初めて役に立つのです。
　この点は特に強調しておく必要があります。なぜなら，理論を実践に移すには，更なる努力が必要だからです。そしてまさにこの点が，「本」の限界でもあります。本当の練習は本を読み終わったところから始まるからです。本があなたの代わりに練習をするわけにはいかないのです。繰り返しになりますが，メンタルトレーニングが本当に効果を発揮するのは，あなたがそのトレーニングを長期にわたって，定期的に，そして徹底的に実践した場合だけなのです。

＊

本書の理論的なバックグラウンドとなっているのは，スポーツ心理学ではよく知られているルビコン・モデルです。（達成したいという）願いを芽生えさせること，自分の目標を立てること，そして自分の将来について考えてみること，これらのことが本書の中でさまざまな形で取り上げられています。そして，それらはあなたが成功するための前提となるものです。

　しかし意図したことが実現するかどうかは，あなたの能力にかかっています。つまり，あなたが悩むことを止め，とにかくやってみること。そう，あなたが積極的に，実際に取り組むことができるかどうかということにかかっているのです。

　「考える」ことは大変重要なことですが，それは始まりに過ぎません。次の一歩は更なる努力，すなわち「積極的に実際に行動する」ことと結びついたものでなければなりません。

個人が成功するための10ヵ条

1. 現実的な自己分析：自分の強さ・弱さがよくわかっていること
2. 明確な目的意識
3. 目標へ向けたプロセスを楽しむことができること。自らモチベーションを高めることのできる能力
4. 正しいことをしているのだという固い信念
5. 重要なことに集中して取り組む。後悔することなく（自分は何かを逸してしまっているという気持ちを起こさないで）優先順位をつけて物事を考えることができる。
6. 粘り強さ（苦しい時期においても）：努力が報われることを他人よりも長く待つことができる。
7. 失敗を学ぶチャンスとみなし，そこから必要な結論を導き出すことができる。
8. 余裕を持って構えていられる：それぞれの瞬間を楽しみ，心から味わう・時間をかける。
9. バランスのとれた生活：自分のやっているプロスポーツを，家族・友人・趣味・休暇・勉強と両立させる。
10. 環境マネジメント：自分にとって最適な人たちが周りにいる。

Chapter 1

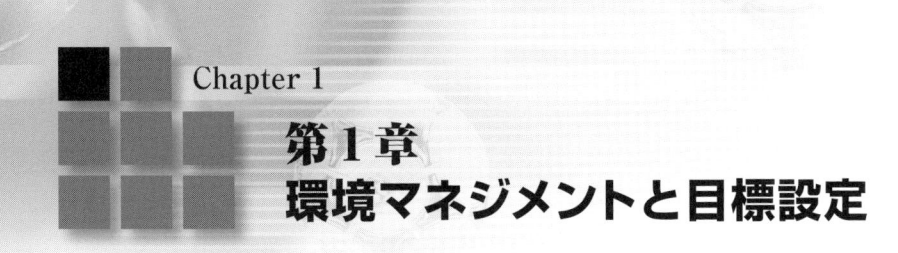

第1章
環境マネジメントと目標設定

　自分を支えてくれる環境がないゆえに，絶えず外部の影響から自分を守るために闘わなければならなかったとしたら，最高のパフォーマンスを発揮し続け，大会期間中試合以外のことを完全にシャットアウトすることなどできません。

　成功しているアスリートたちの周辺の環境は，目的を達成することに照準が合わせられています。それにはトレーニング施設の自由な利用に始まり，応援してくれる友人や家族の存在に至るまでさまざまなものが含まれます。しかし，これは「自動的」に与えられるものではなく，自ら作り上げていかなければならないものです。ここでのキーワードは環境マネジメントです。これは，スポーツで自分の目標を達成することに集中できるように，自分をバックアップしてくれる環境を整えていくことを意味します。

　環境マネジメントとは，あなたのキャリア計画に，「スポーツとは関係ないが，やらなくてはならないこと」をも組み込むことを意味します。具体的には，トレーニングと学校，トレーニングと学業や職業との調整等です。トップアスリートには，恵まれたトレーニング環境があり，キャリアアドバイザーや環境マネージャーがつきます。あなたが自分をバックアップする環境を自分の手で作り上げていくうえで，**ワークシート1**のチェックリストが役立つはずです。

■ 1―1　自分を取り巻く環境を分析する

　ワークシート1は，あなたがサッカーに合わせて調整していくべき分野について考えるヒントになります。現状のどのような分野に問題があるのかを自覚するだけで，問題解決の糸口が見つかることも多いものです。このシートの記入には，およそ30分かけてください。

WORKSHEET 1

◎ワークシート１：環境マネジメント

1. 所属クラブは自分にとって適切な場所だろうか？
　　（アクセス，トレーニング時間，レベル，コーチ，マッサー，筋力トレーニング施設，育成方針，専門図書，トレーニングビデオ，家族，関係者をどれだけ積極的に取り込もうとしているか，クラブ幹部との関係，など）

2. 今のコーチは自分にとって適切な人物だろうか？
　　（レベル，信頼関係，面倒見の良さ，など）

3. 友人や家族は自分を応援してくれているだろうか？
　　（トレーニングパートナー，試合への招待，など）

4. トレーニングと学校あるいは仕事との調整は？
　　（体育学校，先生，補習，フレックスな労働時間，保険，クラブが自分のために用意してくれている保険はあるか，トレーニングには遅刻せずに参加できているか，試合や練習後も十分に時間を取っているか，など）

5. 自分の読んでいる専門誌は正しいだろうか？
　　（個々のスポーツの種目を超えた専門書，インターネット，その他の専門書，人格形成やモチベーションに関する本やCD）

6. ファンとのコミュニケーションは図られているだろうか？
　　（サインを求める人のためのアドレス，ホームページ，広報活動，クラブとの一体感，など）

7. その他の問題
　　（医療体制，兄弟，スポンサーなどの財政面の問題は解決されているか。もし，そうでないとしたら状況改善のためにどのようなことをすればよいか）

8. 自分への褒美
　　（試合後の自分への褒美としてどのようなことをしているか。リラックスして週末を過ごす，映画，ミニ旅行，それとも成功を思い浮かべること，など）

● 自分の環境を分析してください。どのような結論を導き出せますか。

1.

2.

3.

4.

5.

目標とするのは，トレーニング中ならばトレーニングだけ，試合中であれば完全に試合だけに集中できるような環境を作ること，そして休養の時期は完全にリラックスできるように，余計なことはすべて排除する環境を作り出すことにあります。

　支えてくれる環境があれば，特殊な状況でも，あなたの気をそらすようなものを寄せつけなくなります。「シャットアウト」する，つまり，集中力を最大限に高めるための第一歩は，あなたが，「すべての問題は解決されている。あとはすべて自分にかかっている」ということを自覚することです。

　プロの選手は，1つの試合の勝ち負けが，どのような結果を招くかということを気にしません。なぜなら人生はそこで終わるわけではないということを知っているからです。頭の中では次のようなことを考えているかもしれません。

　厳しい練習に耐えてきたし，最高の準備ができた。この後の試合で大事なのは良いプレーをすることだけだ。だからここではできるだけ良いパフォーマンスを発揮することだけ考えよう。結果を予想したり，昔のことを考えるような無駄なことはやめよう。なぜなら分析は試合の後でコーチが自分と一緒にやってくれるのだから。そのことを今から考えても仕方ない。最高のプレーをすることだけ考えるんだ。この場にいられることはうれしいし，楽しいことだ。

　試合が終わってまた新たなトレーニング期間が始まれば，自分はトレーニングにだけ集中する。余計なことに気をとられることもない。なぜなら，すべての問題は解決されていて心配ないからだ。厳しいトレーニングが求められる状況でも，100％トレーニングに集中できるくらい，自分はプロフェッショナルだし，自分をコントロールすることができる。

　今年の後半には，休養のための旅行も計画している。そこではプロスポーツ選手であることを忘れ，休養に専念する。休暇が終わってもトレーニングを続け，その先も成長していけるようにさまざまなことの調整がついているから，休んでも大丈夫なんだ。

　実際，環境マネジメントには，多くの時間を要するでしょうし，場合によっては多少面倒な結果をもたらすこともあるかもしれません。例えば，あなたの家の近くのクラブよりも遠いクラブのほうが練習環境が整っているために，クラブを変わるというようなことです。

　しかし，環境マネジメントは，中・長期的にみれば大成功への道を切り

開いてくれるものであると言えます。最高の能力というものは8年から12年のトレーニングの結果ようやく生まれてくるものです。ただしこの期間はサッカーだけをするには長過ぎると言えます。仮にサッカーしかしなかったとすれば，さまざまな経験，気分転換や人格形成など，人間の持っている基本的な欲求があまりに長く抑圧されることになり，自分は何かを逃してしまっているという気持ちに絶えず苛まれることになるでしょう。その結果，目の前にあることに集中できなくなってしまうことになるのです。

バランスのとれたライフスタイルを確立することで，けがを未然に防ぐことができ，充実した人生を送れるようになるでしょうし，何よりもメンタル面において真の強さが身につくでしょう。つまり，自分は何かを逸してしまっているという気持ちにならずに，自分の送っている人生をあらゆる面において楽しむことができるようになるということです。そしてそれは，どのようなことが起きても大丈夫だという確信と一体になっています。たとえ，重いけがのために選手生命を終えることになったとしても，常にスポーツに代わる，同じくらいおもしろいものがあるのだという確信です。

環境マネジメントは非常に重要です。あなたの環境をもっと良いものにできる可能性を絶えず探ってください。もっと改善できることは何だろうか，自分をさらにバックアップできる人は他にいないだろうか，環境の改善のために所属クラブにできることは？ コーチにできることは？ トレーニングをする時の自分のウエアはこれでいいだろうか，テーピング・絆創膏・包帯類は常備されているか，トレーニングや試合中の飲み物は今のままでよいか，バナナやたんぱく質を摂取する食品や栄養バランス食品は？ 試合直前，および試合後はどう振る舞うのがよいか，などです。

クラブ側が，たとえわずかな額にせよ，書籍やメンタルトレーニング，栄養カウンセリングなど，選手がさらに勉強するために出費をしようということになれば，それだけで大きな一歩と言えるでしょう。そして，勉強のために出すわずかな出費は，クラブがふだん試合の運営や競技場確保などのために出しているお金とは比べものにならない，代え難いものなのです。勉強をチャンスだと考え，ぜひものにしてください。

■ 1—2　目標を設定しモチベーションを高める

●───目標設定トレーニング

　自分の環境を作り上げようとする際には，自分の目標が明確になっていないといけません。あなたは選手としての自分のキャリアについてじっくり考えたことがありますか。あなたにとってサッカーとは何ですか。ぜひ一度あなたの環境マネジメントを，目標設定トレーニングで補ってみてください。リラックスした状態で，あなたのスポーツ選手としての未来について考えてみましょう。**ワークシート2**はその助けとなります（時間は最低でも30分はかけること）。

　自分の成功の夢を思い描くことは，正しい方向への第一歩と言えます。しかし，成功を収めているアスリートは，同時に非常に現実的でもあり，自分自身のこと，そして自分の周りの環境のことを正確に分析できる人たちなのです。

　厳しいプロスポーツの世界で勝利するためには，多くの障害が待ち受けています。最高のパフォーマンスは偶然生み出されるものではなく，何年にもわたる厳しい努力の結果なのです。その間は，良い時ばかりではなく，苦しい時も何度かあるでしょう。ですからここで大切なことは，あなたが問題や障害にどのように対処するかということです。

　どのようなスポーツ選手でも気持ちが盛り上がったり落ち込んだりする経験をします。しかし，優れた選手というのは，がっかりした時，うまくいかなかった時，ミスをした時に，早く立ち直って，新たなスタートを切る体勢を築くことを学んだ人たちです。もしかしたらこれは，この本の中で最も大切なことかもしれません。

　ここでもう一度少し時間をとって，あなたがこれから進もうとしている道の途上でどのような障害が予想されるか，考えてみてください。この過程を経て初めて目標設定も効果を持つようになります。3～4ヵ月ごとに，この目標設定トレーニングを繰り返すのがよいでしょう。というのは，おそらくその3～4ヵ月の間に，すでにいくつかの目標は達成され，また新

「人生七転び八起きである。」
「どうやら成功というのは，他人があきらめた後も続けていくということにかかっているようである。」（ウィリアム・フェザー）

■ 第1章　環境マネジメントと目標設定 ■

たな障害が生じていることが考えられるからです。

　大事なことは目標を高く設定し過ぎないことです。そうでないとモチベーションを高めるのに重要な達成感が得られなくなってしまうからです。ですから目標は，楽観的な要素を含みながらも現実的なものがよいでしょう。つまり，それはチャレンジでなければいけませんが，何よりも達成できるものであることが大切なのです。自分を現実的な目で見つめる練習もできます。それには，一定の時間が経った頃に，自分の立てた短期的な目標のうちのいくつが達成され，そこからどのような結論が導かれるかということを考えてみればよいのです。

　ワークシート3には，これまでと同じように落ち着いて時間を気にしないで答えるようにしましょう。

> **コーチへのアドバイス**
>
> この目標設定トレーニングは，シーズン開始時にこれから始まるシーズンに向けてチーム全体のモチベーションを高めるために最適です。

監訳者注

目標設定トレーニングでは，この「問答の基本」を参考にしてください。

《問答の基本》

メンタルトレーニングにおいて言葉の運用能力は非常に重要です。ここでは，言葉を運用するための基本となる「問答」の行い方について説明します。

問いを立て，その問いに対して答えるためには基本的な問答のスキルを身につける必要があります。本書における問いの例からも明らかなように，問いとは本来，ある問題を巡って考えを建設的に深めるために立てるものです。そうした問いの要求に応えるためには，問いの内容を具体的に捉え，問いの内容と噛み合わせながら発展的に答が導き出せるように考えを進めなければなりません。問答をする際には，次のような基本スキルを身につけましょう。

1．発言のためのスキル

(1)「型」を身につける

問答における発言のための基本的な「型」は次のようになります。

> 意見〔結論〕 → 根拠や例 → まとめ

具体的には，例えば次のように答えます（例A）。

> 私は今，周囲の人々が私を知らない場所へ行ってゆっくりと休養したいです。なぜなら私はこの半年間，常に人目にさらされることを意識する環境の中で自分を保ち，自分ができる最善の仕事をしてきました。私は常に緊張状態にあったため，現在かなり精神的に疲労を感じています。だから私を知っている人が誰もいない場所にしばらく出かけ，のんびりとリラックスをして過ごし，緊張を解く必要があります。

発言のために「型」はなぜ必要なのでしょうか。理由や事例が長々と並べられた後に意見や結論を出すのが一般的な日本語における発言の形式です。この形式の言い方ですと，対話の相手は，発言内容を最後まで聞かないと，発言者がいったいどこにゴールを置いて話しているのかがわかりません。そこで，建設的に対話をするためには，まず意見や結論を冒頭に持ってきます。そうすれば対話の相手は，「この人の言いたいことは最終的に最初に示された結論なのだな。そして，その結論に至った理由はAやB，Cなのだな」というように，整理しながら内容を受け止めることができるようになります。これは，自問自答する際にも同じです。まず結論を考え，そしてなぜそのように考えたいのか，理由を考えます。こうすることにより，自分の考えがまとまりやすくなります。

また最後にまとめを持ってくるのは，相手がいる場合は自分の考えを再度繰り返して相手に印象づけるためであり，自問自答であれば，自分の中で自分の結論を再確認するためです。

(2) 一人称の主語「私・僕」を意識する

問いに答える時には，一人称の主語〔私・僕など〕を必ず入れましょう。そうすることによって，その意見が自分の意見であり，自分が責任を持っていることを強く意識する習慣を身につけます。また，一人称の主語を意識することにより，「みんな」や「誰か」ではなく，そう考えているのは，あるいはそうしたいのは自分なのだということを明確に意識できるようになります。

(3) 相手の目を見て話す

相手のある対話の場合は，きちっと顔を上げ，相手の目を見ながら話をします。視線を彷徨わせたり，あらぬ方向を見たりして話をするのは禁物です。

2．聞くためのスキル

(1) 相手の言葉を言い換える

相手の話は能動的に聞きます。「能動的に聞く」とは，相手の発言の主旨を自分の言葉で言い換えたり，まとめたりしながら，相手に「このように私には伝わっていますよ」とフィードバックすることです。
「例A」を例にとると，次のように行います。

> なるほど，あなたはどこか遠くで休養を取りたいのですね。それはあなたが緊張して仕事をしてきて，精神的に疲労感を感じているからですね。

(2) 疑問を持つ

相手の言葉を曖昧に漠然と聞いてはいけません。相手の言っていることを自分は確実に理解しているかどうか，疑問点がないかどうか，注意しながら話を聞きます。その際に役に立つのが，「５Ｗ１Ｈ」です。

3．訊くためのスキル

(1) 具体的な質問をする

> 問　：この間ディズニーランドに行ったんだって？　それでどうだった？
> 答Ａ：おもしろかった！　またぜひ行きたい。
> 答Ｂ：混んでいた！　１つの乗り物に乗るのに30分も並んだ。
> 答Ｃ：疲れた！　遠くて。二度と行きたくない。

なぜ，このようにバラバラな答が返ってくるのでしょうか？　それは質問が曖昧で大きすぎるからです。「それでどうだった？」では，質問者が具体的に何を訊きたいのか，返答者にはわかりません。そのため好き勝手に質問を解釈して答えることになるので，答にはバラツキが出るのです。対話の相手から具体的な答を引き出すためには，質問自体を具体的にします。

> Ａ：ディズニーランドはおもしろかった？
> Ｂ：ディズニーランドは混んでいた？　乗り物に乗るための平均的待ち時間はどのくらいだった？
> Ｃ：ディズニーランドはここから遠いけれど，疲れなかった？

(2) ５Ｗ１Ｈ

対話の相手の言っていることが十分に理解できない場合には質問をします。その際に有効に働くのが「５Ｗ１Ｈ」です。

①	Where	どこのことか？
②	When	いつのことか？
③	Who	誰が関係しているのか？
④	What	何が起こったのか？
⑤	Why	なぜ起こったのか？
⑥	How	どのような状況か？どのような様子か？

「例A」については，例えば次のような問いが立てられます。

① Where
　具体的にはどのような場所で休養したいのか？
　すでにどこか具体的な場所を考えているのか？
② When
　いつから休暇を取りたいのか？
　どのくらいの期間休暇を取りたいのか？
③ Who
　誰と休暇に行くのか？　１人で行くのか？
④ What
　何をして過ごすのか？
　具体的な計画があるのか？

このように具体的な問いは，対話の場合でも自問自答の場合でも，建設的に考えを深めていくのに役立ちます。

WORKSHEET 2

◎ワークシート２：目標設定トレーニングⅠ

1．私はいったい誰だろうか？

2．私は何をしているのだろうか？

3．私には何があるだろうか？

4．私はどんな人になりたいのだろうか？

5．私は何をしたいのだろうか？

6．私は何を持ちたいと思っているのだろうか？

7．私は１週間のうちどれだけの時間をサッカーに割こうと思っているのだろうか？

8．私はサッカーに１ヵ月あたりどれだけお金をかけたいのだろうか？

9．努力とその結果はつり合っているだろうか？　どんなところに改善の余地があるだろうか？

10．私はどのような形で人々の記憶に残りたいのだろうか？

■ 第1章　環境マネジメントと目標設定 ■

11. 選手として達成したい目標は？

12. 自分の目標を達成するうえで障害になっているものは何だろうか？　どんな困難・問題・障害があるのだろうか？

13. 現在の条件のもとで，自分の望みや目標を達成する見込みはあるだろうか？
　　　○はい　　　○どちらかというとそうとは言えない
　　　　　　　（問い4〜11についてもう一度考えてみよう）

14. 問12で明らかになった障害に関して，以下の中からあてはまる記号を選んで，障害の後に記入しよう。

　　（k）短期間で克服（12ヵ月以内に）
　　（m）中期的に克服（1年から3年以内に）
　　（l）長期的に克服（3年以上かけて）

15. 先に挙げた障害を具体的な目標という形で列挙しよう（ポジティブな表現を使い，目標を特定でき，数値化できる形で書く）。

　　私の短期的目標（複数可）：

　　私の中期的目標（複数可）：

　　私の長期的目標（複数可）：

ここまで記入がすんだら，目標を現実のものにする約束としてここにサインをしよう。

コーチへのアドバイス
この約束を（一番よいのはチーム全員のものを）封筒に入れ，シーズン半ば頃に本人の元へ戻すようにしてください。こうして自分をチェックすることができます。

23

WORKSHEET 3

◎ワークシート３：目標設定トレーニングⅡ

1. 例えば明日にも，自分の立てた目標に一歩近づいたと感じられるのはどういうところだろうか？

2. 最終的な目標を達成した時はどのような気持ちだろうか？

3. 最終的な目標を達成した時，あなたの目にはどのようなことが映るだろうか？

4. 数ヵ月経過した後も自分が正しい方向に進んでいるということは，どこでわかるだろうか？

5. これから進んでいく道を，今の段階からもっと楽しめるようにするにはどうしたらよいだろうか？

6. これまでの中で特に良かったことは何だろうか？

7. 今までと比べてどちらかというと悪くなるのではないかと思われるのはどのようなことだろうか？

8. それはどうしたら変えられるだろうか？

9. 自分は確かに正しい道を進んでいると実感できる場面を３つ挙げよう。

　　○
　　○
　　○

しかし，目標設定トレーニングがここで終わってしまっては，本当に効果があるとは言えません。なぜなら私たち人間にはコンピュータと違って感情があるからです。目標設定トレーニングはここまで非常に論理的に，段階を踏んで着実に行われました。しかし，こうして立てた目標と自分とを強く結びつけ，目標に対する義務感のようなものを芽生えさせるためには，あなたの脳の感情的な部分をも，目標設定に合わせてプログラミングする必要があります。目標を達成した時のことを考えただけで鳥肌が立ってしまうような状態にすることができたら最高です。この後に続くトレーニングはそうしたあなたの感情的な部分に訴えかけるものです。

● ─── スローガン

ここでの課題はあなたの目標に合った「スローガン」を考えることですから，思う存分想像力を働かせてください。それが具体的にどういうことを意味するかは，下の例を使って明らかにしたいと思います。

○優秀なダンスコーチがある時次のようなことを言った。「あるレベルにまで達したらそのスポーツを趣味とみなすか（この場合あなたは下のレベルのクラスに行かなくてはならない），あるいは今の高いレベルで競技を続けるかを決めなければならない（この場合は趣味を仕事に変え，ダンスだけに打ち込まなければならない）」。この後プロのダンサーになることを決意した選手たちは，目標設定トレーニングに取り組み，自分たちに合ったスローガンを考えた。自分たちの目標を強調する意味で，また，決断を下すことになったレッスンを記憶に留める意味で，彼らのスローガンは「オール・オア・ナッシング」に決まった。その後は厳しい練習の前，あるいは後に，コーチがそのスローガンを口にするだけでダンサーたちのモチベーションを高めるのに十分な効果があった。

○ある時指導員が，試験の準備をしていた1人の候補生が練習問題を完璧に解いたのを見て「今のはスーパー・グッドだったね！」とコメントした。まさしくこれが25人の候補生のスローガンが生まれた瞬間であった。それ以降は試験のことが話題になると決まって「スーパー・グッドな準備ができていないといけませんよ」「この章をスーパー・グッドに準備してください」「あなたの解答はスーパー・グッドからはほど遠いですよ」「週末は何をしますか。―試験のためにスーパー・グッドな準備をします」という声が飛び交うようになった。

スローガンの例
- ワールドクラス!!
- 完璧を追求する情熱
- がんばった者だけが楽園にたどりつける
- 奇跡なんて起きない
- ただトレーニングあるのみ
- 人生を夢見るのではなくあなたの夢を生きなさい
- 今を生きる
- 時の中の一瞬
- 進めロケット！
- など

　スローガンがどれだけの力を持ち得るかがわかったと思います。スローガンはポジティブな面を強調してくれるものです。それはあなたの行動を論理的・客観的に裏づける性質のものではなくて，感情的に「やってやるぞ！」という気持ちにつながるのです。さあ，今度はあなたの番です。あなたの目標に合ったあなただけのスローガンは，どんなものがよいか書き出してみましょう。

私のスローガン

....

....

....

　次にやることは，少し変わっていますが，これまでの経験から非常に効果的であると言えます。紙以外のものにもプリントをしてくれるコピーショップに行って，次のものを作ってもらってください。
　○あなたのスローガンが書かれたマグカップ
　○あなたのスローガンが書かれたTシャツ
　○あなたのスローガンが書かれたクッション
　○あなたのスローガンが書かれたポスター
　○あなたの目標が書かれたチラシ

　絶えず自分のスローガンを思い出せるような環境を作ってください。あなたの目標が書かれたチラシはあなたが正しい方向から外れないようにしてくれます。

●───音楽

　音楽は私たちの気分に大きな影響を与えます。このことは広告心理学者や映画監督もよくわかっています。その昔，戦争を指揮した軍司令官たちでさえも，モチベーションを高める音楽の力を知っていたのです。そして，自分たちの兵士を生きるか死ぬかの戦に送り込む際には，行進曲を演奏さ

せました。

「スローガンを作る」のと同様に，あなたのテーマソングになるようなぴったりの歌，つまりあなたの**モチベーションを強くかき立てる効果的な歌**を見つけてください。どのような歌が適当か，アドバイスをするのはとても難しいことですが，これまでの経験からお勧めなのは右の歌です。

この戦略を用いて効果を上げるためには，行き当たりばったりではなく整理して進めることが大切です。すなわち，適当な歌を見つけたらその歌を用意したカセットテープにダビングするか，CDに焼きつけるようにしてください。このモチベーションの歌は，ふだんのトレーニングに対してやる気が少し低下した時に聴くようにします。つまり，この歌は一種の薬です。服用は，必要ある時だけに限ってください。

私のモチベーションを高める歌

音楽の力を借りて自分の気分を盛り上げたいような時（例えば持久力トレーニングの際）には，まったく違った雰囲気の音楽が必要となります。がんばり抜く粘り強さ，闘争心を出したり最大限の力を引き出したい時は，速くて強い調子の音の大きい音楽が適しています。この2つ目の**気持ちを活気づける歌**はフィジカルトレーニングをする前（例えばインターバルトレーニングの前）にかけるとよいでしょう。

私を活気づける歌

モチベーションを高める歌の例
- ホイットニー・ヒューストン『ワン・モーメント・イン・タイム』
- フランク・シナトラ『マイ・ウェイ』
- クィーン『ザ・ショー・マスト・ゴー・オン』
- ヴェスターンハーゲン『私は再びここに戻ってきた』
- ルイス・アームストロング『ワンダフル・ワールド』
- クィーン『ブレイクスルー』『アイ・アム・ホワット・アイ・アム』『アイ・オブ・ザ・タイガー』
など

気持ちを活気づける歌の例
- グロリア・ゲイナー『アイ・ウィル・サヴァイヴ』
- マイケル・ジャクソン『ゼイ・ドント・ケア・アバウト・アス』
- テクノ
など

コンディションを上げるために野外でランニングを始めようと思ったら，まず，初めの難しい時期を克服しなければいけません。初めの難しい時期とは，トレーニングを日常の一部にしていくために慣れていく時期です。それにはモチベーションを高める歌が最適です。初めの時期を過ぎれば，大変なのは，もはや定期的にトレーニングすることではなく，距離を伸ばし，スピードを上げていくことに変わっていきます。これにはあなたを活気づけてくれる歌がぴったりです。

●──アイドル

アイドルの例
- 成功を収めた選手
- 世界のスター
- 修道士
- ライオン
  など

　アイドルは，自分が手に入れたいと思っている性質をすべて備えている，光り輝く模範となるものです。ここでのポイントはイメージです。あなたのアイドルが，人間，動物，物，あるいは特定の状況，写真や絵等，何であるかは問題ではなく，肝心なのはあなたがそうしたアイドルを通してモチベーションが高まるような気持ちになることなのです。成功を収めたサッカー選手やその他のスポーツ選手，スポーツ以外の世界のスターたち，修道士（自分の人生を1つのことに捧げ，そのためには進んでさまざまなことを犠牲にする人の例として），ライオン（自然界には太刀打ちできる者がいない動物王国の支配者として）など，自分のモチベーションを非常に高めてくれるものとしてあなたが記憶している状況等々がそれらの例として挙げられます。

私のアイドル

....
....
....
....
....

スローガン，音楽，そしてアイドルという3つの戦略が一番効果を発揮するのは，お互いが関連し合っている場合です。例えば，大成功している女性バイオリニストを頭に思い浮かべ，彼女の音楽を聴き，自分のスローガンを「献身」にする。あるいは大活躍したスポーツ選手が自分のテーマソングにしていた曲のタイトルをあなたが自分のスローガンにする。この時その歌はあなたを活気づけてくれる歌となり，その選手はあなたのアイドルということになります。

●───目標設定トレーニングとモチベーションについてのまとめ

　人生（特に現役のプロスポーツ選手としての時間）には限りがあります。ですから時間という限られた資源を有効に活用し，物事に優先順位をつけることが大切になってきます。あなたにとって何が大切かは，紹介した目標設定トレーニングを通して見つけ，具体化させました。ここからは，自分にとって大事なことにひたすら打ち込み，長い時間をかけて目標の実現に向けて努力し続けていかなければなりません。
　これは，自分の周りに自分を応援してくれる支援者が多くいればいるほどうまくいきます。支援者はコーチや親，友人，ファンや所属クラブばかりではありません。楽しみ，喜び，そしてとりわけ自分はやった，やり遂げたという経験のような感情も「支援者」になり得るのです。
　何かをやり遂げる，達成するというのは，ワールドカップで優勝すること，あるいは選手として特定の年俸を得ることではありません。それらは何かを達成した時の副次的な効果に過ぎません。本当に何かを達成したと言えるのは，自分に与えられたチャンスをチャンスとして認識し，そのチャンスを徹底的にものにできたと自ら実感できた時です。仮にその途中で失敗したとしてもそれは勉強する機会・経験であり，選手としてのキャリアを考えた場合，その中から学ぶことは多いでしょう。
　しかし，失敗ばかりでなく成功からも多くを学ぶことができます。あれはどうしてうまくいったのだろうか，あの時どうしてうまくできたのだろうかと自分の成功の秘密を少しずつ正確に突き止められるようにしていってください。チャンピオンというのは自分の強さがどこにあるかわかって

「トレーニング項目1つにつき10分多くトレーニング（パス練習）をしたとしたら，年間でボールタッチの回数がおよそ1万2000回も多くなることになります。」
（少しだけ余分に努力することで長期的にみれば大きな効果が生み出されるという一つの例です）

いるものなのです。

　しかし，チャンピオンでさえも，なかなかうまくいかない時は，成功を勝ち取るまでだいぶ待たされることがあります。

　スローガン，音楽そしてアイドルという戦略を通して，あなたはモチベーションを高めるメンタル面の実践的な技術を学びました。これらのおかげであなたは，大きな成功が得られるまで，他人よりも粘り強くがんばり続けることができるようになります。そしてついに大成功を手にした時には，めいっぱいその成功を味わって，その時の気持ちを覚えておき，いつでもその時の気持ちを呼び起こせるようにしてください。まさにその瞬間にそれまでの苦労が報われたと言えるのです。それはあなただけの個人的なサクセスストーリーであり，アドバイザー，コーチ，いや誰にも教えられないことです。それはあなたしか経験できないことで，自分の道を首尾一貫して追求し，精いっぱいがんばり続ければ，そのサクセスストーリーを毎日書き続けていくことができるのです。その間に個々の試合に勝ったとか負けたということは，問題ではありません。

1—3　トレーニング内容を分析する

　トレーニング分析も，この第1章「環境マネジメントと目標設定」の一部です。実力の向上は，より良い環境，高いモチベーション，そして能力の改善によって達成することができます。これからやっていただくトレーニング分析の目的は，もっとサッカーがうまくなるために，すでにある**リソース**をより有効に活用するためには何をすべきかを突き止めることです。

　スポーツで結果を出すためには，どんな些細なことも自分の能力を高めるために利用しなければなりません。そのためにもリソースをできるだけ有効に活用してください。ひょっとしたらトレーニング分析（**ワークシート4**）があなたにいくつかの貴重なヒントを与えてくれたかもしれません。コーチとそのことについて話しましょう。個々の点に関してそれぞれ専門図書があるので，ぜひその知識を活用しましょう。インターネットも利用しましょう。

リソース　自分の持っている能力・環境

WORKSHEET 4

◎ワークシート４：トレーニング分析

1．自分の栄養（食事）プランはあるだろうか？

2．特別なコンディショントレーニングをしているだろうか？

3．特別な筋力トレーニングをしているだろうか？

4．身体の柔軟性を高めるトレーニングをしているだろうか？

5．コーディネーションを高めるトレーニングをしているだろうか？

6．スピードをつけるトレーニングをしているだろうか？

7．反応のトレーニングをしているだろうか？

8．定期的にマッサージを受けているだろうか？

9．定期的にリラックスするようにしているだろうか？

10．自分の試合のビデオ分析をしているだろうか？

11．メンタルトレーニングを取り入れているだろうか？

12．あなた（あるいはあなたのチーム）には特別なウォーミングアップのプログラムがあるだろうか？

1—4　食事と栄養を改善する

特別なことをやり遂げたいのであれば，栄養の摂取も特別でなければなりません。筋力の形成，筋力の働きのことを考えればおわかりいただけるでしょう。脳もまた，最高の状態で機能するためにはやはり特定の栄養素が必要となります。

初めに**ドイツ栄養協会の規定している栄養満点の食事**がどのようなものかみることにしましょう。

この黄金の10ヵ条は健康的な生活をするには十分であると言えます。しかし，プロの選手には次の項目を補う必要があります。

> ○1日1回マグネシウム酸化物を240g
> ○1日1回ビタミン，ミネラル，微量元素のサプリメント
> ○1日2回ごく少量のアスコルビン酸（ビタミンC）
> ○さらに1日2本のバナナ（例えば牛乳とミックスしたバナナ牛乳）
> ○たんぱく質を含む栄養補助食品，栄養補助としてのアミノ酸
> ○毎日1リットルの電解質の飲み物（アイソトニック飲料）

それからパワーミックスを毎日飲んでください。これはミキサーで作る飲み物です。このドリンクは午前中の間食として飲んでもよいでしょう。

特にプロ選手は，しばしば次のような問題を抱えています。すなわち，時間がないために，脂肪分は多め，繊維質のものやビタミン，微量元素，ミネラル分は少なめ，肉は食べ過ぎ，単糖類（例えば糖分入りの飲み物）を摂るために栄養にならないカロリーを摂り過ぎの食事になりがちだということです。

> ●パワーミックスの材料
> 麦芽，酵母フレーク，六穀（脱穀していないもの），レシチン，ビタミンドリンク，500mlビンの乳漿酒，バナナ，フルーツジュース
>
> ●ミックスの仕方
> 　ミキサーにグラス4分の1杯分のフルーツジュースを入れる。これに麦芽大さじ2杯，酵母フレーク大さじ1杯，六穀大さじ1杯，レシチン大さじ1杯，ビタミンドリンク大さじ1杯，乳漿酒2分の1カップとバナナを加え，最後に全体がミキサーの1リットルのメモリに達するまでフルーツジュースを足していく。ミキサーを強で60秒回し続ける。

ドイツ栄養協会の規定する食事

1. 多様なものを食べる。
2. 穀物類を1日の間に数回，芋も多く摂取する。
3. 野菜や果物は1日あたり5回摂取する。
4. 牛乳や乳製品は毎日，肉や卵は1週間の間に数回，魚は1週間に1回摂る。
5. 脂肪や脂肪分の多い食料品の摂取を抑える。
6. 砂糖や塩は適量を。
7. 水分は十分に摂る。
8. おいしく，そして消化が良いように調理する。
9. ゆっくりと食べ，食事を楽しむ。
10. 体重に気をつけ，絶えず運動を心がける。

異なる食料品の組み合わせ，消化のしやすさに関する注意事項

- サプリメントによってビタミン補給する際は必ず食後に摂取するようにする（脂肪に溶解するビタミンの性質を考えて）。
- マグネシウムとカルシウム錠剤は決して一緒に摂取しないこと（分子が似ているため，一緒に摂取した場合お互いを消し合ってしまう）。
- 20時以降は食事を摂らない（太ってしまう）。
- 喫煙はしない，アルコールも少なめに。模範的な生活態度を心がける。

　試合に負けた後のストレス，怒りや激しい憤りも，甘いものを強く求める衝動につながることがあります。これは誰しもが経験していることでしょうが，習慣になってしまってはいけません。ですから一歩一歩着実にあなたの食生活をプロフェッショナルなものにしていく努力を続けていってください。パワーを生む栄養を摂ることにした選手はそうした食事の仕方に次第に傾いていき，ジャンクフードを摂らないようになります。

　ある選手の言葉です。「日を追うごとに自分がどんどん浄化されていっている気がします」。こうした選手には自分の能力の開発を，食事を通して最大限に促そうという内的モチベーションがあると言えます。そんな彼らは豚肉の塊が丸ごと調理された料理を思い浮かべただけで吐き気をもよおすことでしょう。

●───トレーニング期間中の食事

　ここまでみてきた全般的なアドバイスの他に，さらに一歩進んでトレーニング期間（試合のための準備期間）用の食事の摂り方に関して考えることもできます。コンディションの基礎を作り上げていく段階（持久力トレーニング）では，主として麺類，芋，米などの炭水化物を摂取するのが望ましいでしょう。これに対してパワーやスピードをつけるトレーニング（筋力トレーニング）の時期は，魚や肉などたんぱく質を多く摂取することに重点を置くとよいでしょう。

●───試合前の食事

　大会の数日前には，栄養摂取量の60％を多糖類にすることで，グリコーゲンの貯蔵をいっぱいにしておきます。長距離ランナーの場合は走る前の晩にさらに麺類を摂るようにします。炭水化物を多く含む食事を補うためにたくさんの水分とカリウムやビタミンB1を摂るとよいでしょう。過度の負荷は避けるようにし，遅くとも試合の2日前からはきつい負荷をかけないようすると同時に，炭水化物の摂取割合を70％まで上げるようにします。そうすることでその後数試合は大丈夫なくらいグリコーゲンが貯

蔵されます。

● ── 試合直前の食事

　試合の2～3時間前には消化しやすい軽めの食事を摂るようにしましょう。緊張のために食事が喉を通らない時は，小さなスナック菓子，シリアル，あるいはパワーミックスを飲むとよいでしょう。ウオーミングアップの時，あるいは試合の5～10分前はバナナとミネラル飲料が最適です。

● ── 試合中の栄養補給（＝ハーフタイムの時）

　試合の途中で喉が渇いたとか，お腹がすいたと感じたらすでに手遅れです。ですからハーフタイムには（熟した）バナナや，スナック，栄養補助食品などを摂っておきましょう。そしてたくさん水分を摂り，発汗によって失われた水分（それとともに失った電解質）を補うようにしてください。

● ── 試合後の栄養補給

　試合直後の栄養補給は，新たな負荷に備えるため，そして試合前と同じ栄養の状態を回復するために非常に大切です。負荷がかかった後は身体の器官は物質交換の活発化により特に栄養の吸収率がよくなっています。したがって甘いもの，油物やソフトドリンクは絶対に禁物です。
　食事に関するアドバイスにおいても言えることは，まずは少し長めの期間試してみましょうということです。栄養（食事）に関するあなたの知識を広めただけでは，あなたの身体には何もプラスになりません。しかし，あなたの身体は栄養を与えられることを欲しています。それも毎日です。
　ここで紹介した栄養補給の仕方を実践するには更なる努力が必要です。ですから繰り返しになりますが，このトレーニングを最後までやり通してください。それもできることならある程度長い期間にわたってやってみてください。これができないと，理論を実践に結びつけることは困難ですし，本書を本当の意味で役立てることはできません。

Chapter 2
第2章
チームスピリットとメンタルトレーニング

ここまでの時点で，改善された食事とトレーニングのおかげで，あなたは自分の能力をワンランク上のレベルまで引き上げることができているはずです。そして目標設定トレーニングと環境マネジメントによって，サッカーに良い感じで（自分の立てた目標について考えただけで「ゾクゾク鳥肌が立つような感じで」）取り組むことができ，自分のやっていることを周囲に支援・後押ししてもらえるようになっていることでしょう。

そこで，次の課題は，個々の選手からどのようにして1つのチームを作り上げるかということになってきます。なぜなら，チームは個々の能力の総和以上のものだからです。

チームスピリット
チーム魂．勝敗を争うとき，個人よりもチーム全体の勝利を優先させて協力し合う成員の団結精神

■ 2−1　グループからチームへ

「チームとは，2人以上の人が共通の目標の達成のために力を合わせることである」。この無味乾燥な定義の背後には，実は人間存在の根本原理が隠されています。それはつまり，私たちが自分の人生を必ずチームの中で始める，すなわち本源的なチームとしての母―子の結びつきで人生を開始するということです。進化の歴史をたどってみると，チームを形成（部族，種族，グループという形において）する能力が，生存競争においては決定的に有利に働くことがわかります。

その一方で，スポーツの世界でスター選手をただ寄せ集めればそれだけでチームとしての最高のパフォーマンスが保障されるものではないこともよく知られています。その典型的な例が，ふだんはメンバーが別々のクラブでプレーをしていて国際試合の時だけ招集される代表チームです。スポーツでチームが成功するのは，チームとして練習を重ねてお互いのことがわかっている場合だけです。しかし，代表チームの場合には必ずしもそれができていないのです。

■ 第2章 チームスピリットとメンタルトレーニング ■

○たった1匹の魚は，無力であり，鮫に食べられてしまう。ところが，魚の群れは，鮫よりも大きく見えるように隊列を組んで泳ぐ。それを見て鮫は去っていく。こうしてチームは生き延びることができる。
○1匹のアリではいかにも弱く頼りない感じがするであろう。しかし，アリの国家なら（ほとんど）どんな相手にだって立ち向かうことができる。
○アンデス山脈に墜落した飛行機で生き延びたのがたった1人だったとしら。その人は自分の置かれた状況に絶望的な気持ちになるであろう。生き延びたのがグループなら，お互いに励まし合ったり，持っているものを分け合ったりして生き延びる確率を格段に上げることができる。
○たった1人で自転車レースに臨む人は，今日ではもはや勝てない。それはチームの応援（風よけ等）がないからだ。
○経済の分野では，（成功を収めているグループが採用している）分業の原則の中に，競争相手よりも早く，そして一歩先を行く大きなチャンスがある。また，今日では単独で開発した新作がベストセラーになることはない。自分の部屋に閉じこもって1人で発明をする時代は終わったのである。
○警察の特別捜査班も，チームのほうが犯人を検挙する確率が上がるという，まさにその理由から結成されるのである。

●——衝突の建設的な解決

どんなチームでも必ずどこかで意見の食い違い，すなわち衝突が生じます。この時，衝突を回避しようと思わないことです。なぜなら，それぞれの衝突に，チームが発展する可能性が秘められているからです。しかし，そうなるためには，それぞれの衝突を建設的な形で解決し，チーム全体がそこから利益を得るような衝突のマネジメントが必要となります。

こうした人としてのコミュニケーションの基本を，衝突のマネジメントのための次のワーク（**ワークシート5**）に応用します。

建設的に衝突を解決するための条件

○どんな衝突もより良くなるためのチャンスとして利用すべきだという，チーム内の共通理解があること。
○衝突をしている人がお互いを尊重して向かい合うこと — 感情的にならずに事実に即して意見を述べる，誰かを個人的に傷つけないようにすること（場がヒートアップしないようにする）。
○衝突の本当の原因を隠そうとするのではなく，現実的な形での解決をめざして，チームが前進するために建設的な方法で原因を利用すること。

WORKSHEET 5

◎ワークシート５：チームづくりⅠ

1. ２人１組になって激論をするグループを作る。
2. 議論に適したテーマを与え，２人が対立した意見を持つようにする（例えば，ドーピングの容認，トレーニング方法としてのコーチによる暴力，チーム内での禁酒令など）。
3. それぞれ自分の立場に立って主張すべきことを考える（約10分）。
4. 順番に１組ずつチームの仲間の輪のまん中へ進んで，与えられたテーマについて激論をする。この時，他の人たちはルール違反をメモしなければならない。例えば，
   - 相手を傷つけるような言い方をした
   - 議論がヒートアップしてしまった
   - 本題から外れている
   - 中断してしまった
   - 相手の言ったことに答えていない
   - 寛容さが足りない
   - 妥協する余裕がない
   - 建設的な衝突の解決になっていない
   など
5. 激論が終わったら，チームの他の仲間から建設的なフィードバックをもらう。

MEMO
....
....
....
....
....
....
....
....
....
....
....
....
....

この練習のコーディネーターとしてのあなたの目標

○チームが，衝突と建設的に向き合っていくように促し，励ます。
○罰せられることを恐れずに，誰もがオープンに，そして正直に自分の意見が言えるような雰囲気を作る。
○適切な会話の進め方（相手を尊重する，事実に即した話し方をする，誠実さ，解決へのヒント）をルールとして教える。

■ 第2章　チームスピリットとメンタルトレーニング ■

監訳者注

《事実か意見か》

　他人の言っていること，あるいは自分の言っていることが，はたしてある程度実証できる「事実」なのか，それとも単に「意見」や「感想」なのかを見極める能力は非常に重要です。提示された，あるいは提示しようとする情報から「事実」と「意見」を分類するためには，常日頃，何が「事実」で何が「意見」なのか，敏感に選別する能力が必要になります。次の課題を用いて，練習してみましょう。

①赤いバラは美しい。
②膝のけがは痛い。
③日本の公立中学校では，国語と数学と英語を学習する。
④トーマス・エジソンはアメリカ合衆国生まれの発明家で偉大な人物だ。
⑤テニスはラケットを用いる競技である。
⑥富士山の姿は，世界中の山の中でも最も優美である。
⑦ヨハン・クライフはオランダの出身で，天才的なサッカー選手である。
⑧「野球はおもしろい」と，○○選手が2006年○月○日にA雑誌のインタビューに答えている。
⑨メンタル・トレーニングは人間の精神を扱うトレーニングであり，強い精神力を必要とするスポーツ選手の役に立つ。
⑩○○製のシューズは履きやすいとみんなが言っている。

[考え方]
①意見：「赤いバラ」を「美しい」と感じるかどうかは人によって違う。
②意見：「痛い」の部分が意見
③事実
④「トーマス・エジソンはアメリカ合衆国の発明家」までは事実。「偉大な人物」は意見
⑤事実
⑥意見
⑦「オランダ出身」は事実。「天才的」は意見
⑧○○選手が実際に，2006年○月○日のA雑誌のインタビューで「野球はおもしろい」と答えていることが確認できれば，文は全体として事実。文の中では，「野球はおもしろい」は意見
⑨「メンタル・トレーニングは人間の精神を扱うトレーニング」は事実。「役立つ」は意見
⑩「履きやすい」は意見。「みんなが言っている」も「みんな」が誰かを特定できない限り「事実」ではない。

監訳者注

《議論に必要なスキル》

　議論に基本的に用いるのは，先に述べた「問答の基本」（P.20参照）です。議論では，冷静に建設的に，根拠に則って自分の意見を提示しなければなりません。またその際，根拠は「意見」や「感想」ではなく，実証可能なデータや事例で支えるようにします。すると，あなたの意見は説得力を増し，相手を論破する確率が高くなります。

　例えば，唱歌「焚き火」に謳われているのはどの季節かについて議論するとしましょう。相手に自分の意見を受け入れさせるには次のような過程が必要です。

A：唱歌「焚き火」に謳われている季節は「冬」だと言える。

B：何で冬なんだよ。季節が冬だなんて，どこにも書いてないじゃないか。

A：なぜなら「焚き火」には「こがらし」という言葉が書かれているからだ。

B：こがらし？　こがらしでなぜ冬だと言えるのさ？

A：それは，広辞苑に書かれている「こがらし」の定義によって論証可能だ。広辞苑には「こがらし」について次のように定義してある。「秋から初冬にかけて吹く，強く冷たい風。冬の季語」。歌詞に「こがらし」という言葉が書かれているという事実（データ）と，その「こがらし」が広辞苑で定義されているような意味を持つという論拠から，唱歌「焚き火」に謳われている季節は「冬」であると言える。

　上の議論では，Aは歌詞に書かれている事実をデータとしてあげ，さらに，データとして提示した「こがらし」という言葉を，広辞苑を持ち出して定義して論拠として提示したため，Bはこれ以上Aに反論するのが難しくなりました（むろん，「焚き火」の季節を解釈しようとする場合，その他の言葉についても，きちっと論証する必要はありますが）。

　ちなみに，「論拠」とは根拠の一構成部分です。早稲田大学の福澤一吉氏の著書『議論のレッスン』（NHK出版）では，この「論拠」を「隠れた根拠」と呼んでいます。「こがらし」とは冬に吹く風だという暗黙の了解があるので，「こがらしと書いてあるから季節は冬」という意見が成り立つわけです。しかしこの時，「隠れた根拠」である「『こがらし＝冬に吹く冷たい風』という暗黙の了解」に光を当てると，意見とデータの間に結ばれた橋がさらに堅固なものになります。なぜなら，「こがらし＝冬に吹く冷たい風」の定義が前面に出てきて，「こがらし＝冬」をがっちりと支えてしまうからです。なお，福澤氏の「隠れた根拠」は，元々トゥールミンの議論モデルを参照しているそうです。

（参考：福澤一吉著『議論のレッスン』NHK出版，2002）

WORKSHEET 6

◎ワークシート6：チームづくりⅡ

カタストロフィー（破壊）ゲーム

1. 初めは各自で，その後3人1組になって，グループ内のチームスピリットを破壊するようなひどい行為にはどのようなものがあるか考えてみる（例えば毎回遅刻する，他人の噂を立てる，いじめる，非生産的な振る舞いをする，コーチをぶちのめす…）。意見はメモしておく。
2. 15分たったところで，出てきた案をすべてボードに書く。そうすることで全員が以下のことを自覚することができる。
   ○自分1人でも，チームスピリットを破壊する原因になり得るということ。
   ○出した案が現実にならないように努力すれば，一人ひとりが強いチームを作ることに貢献できるということ。

MEMO

WORKSHEET 7

◎ワークシート7：チームづくりⅢ

コマーシャルゲーム

　このトレーニングの目的は，自分たちのグループとしてのアイデンティティを確立することである。また，チームメイト同士，お互いの違った一面を垣間見ることができるし，皆で一緒に笑える機会にもなる。

1. 各チームに45分間を与え，ラジオで放送される1分以内のコマーシャルを制作し（実際にはもちろん放送はされないが，そう言っておくことで皆の集中力を高めることができる），それを録音する。このコマーシャルの中で，自分たちを世界最高のチームとして自らを売り込む。
2. このコマーシャルの出来が良ければ，試合前の雰囲気づくりとして更衣室でそのテープを流すかどうかについてみんなで話し合ってみてもよい。

MEMO
....
....
....
....
....
....
....
....
....
....
....
....
....

コマーシャルゲーム
Maaβ & Ritschl(1997).*Teamgeist: Spiele und Übungen für die Teamentwicklung.* Paderborn: Jungfermann.

■■■ 監訳者注 ■■■

《アピール》

　コマーシャル（広告）の基本は，ある製品を具体的で的確な表現でアピールすることです。製品のコマーシャルをする場合には，ある特定の購買層に向けて直接的，あるいは間接的に購買を促進するように言葉で働きかけなければなりません。頭にすっと入るような感銘深い言葉を用いて，購買者の望みと夢を目覚めさせるように影響を与えるのです。

　コマーシャルゲームの目的は，サッカーに興味を持っている人々を対象に，自分たちのチームが世界最高であることを自ら売り込み，人々の心の中に「このチームこそ世界一にちがいない」という確信を持たせることです。

1．コマーシャルのコツ

① 相手の興味を引くように，頭にすっと入るような感銘深い言葉を並べる。
② 一方的な情報を並べる。つまり，製品（チーム）の長所のみを並べる。
③ 語呂合わせや音合わせをするなどして耳に心地よいリズムを作る。
⑤ 短く，覚えやすい言葉を並べる。電報や詩の言葉を意識する。
⑥ 流行の言葉や外国語などをうまく用いる。
⑦「あなた一人」に対して親密に語りかける。
⑧ 誇張する。スーパー〜，超〜，信じられないような…
⑨ この製品（チーム）でしか特別なことはできないというような印象を抱かせる。

2．コマーシャルの組み立て

基本的に3部構成で組み立てる。

導入	テンポの良い言葉で世界一のチームであることをアピール
本体	世界一のチームである理由の列挙 チームの長所を後ろへ行くほど盛り上がるように配列
まとめ	再度世界一のチームであることをアピール

　ここでも「パラグラフ・ライティング」の構成（P.121）が基本になります。また，「本体」部分で長所を盛り上がるように配列する際には，「物語の構造」（P.122）の「山場」の部分についての説明を参考にして下さい。

●———リーダーの育成

Hogan,R.,Curphy,G.J. & Hogan,J.(1994). What we know about leadership effectiveness and personality. *American Psychologist*, 49,(493, 504)

　グループはリーダーを必要とします。しかし，**ホーガン**の研究によれば，プレッシャーと強制はグループの業績を不安定なものにすると言われています。「アメリカの企業の60～75％は的確にリードされていない，それは権力の行使と強い指導力を取り違えているためである」ということです。
　グループ内の雰囲気が最適な状態というのは，メンバーそれぞれが自分の与えられた役割に没頭することができ，グループの他の仲間からもグループの大切な柱として受け入れられていると感じられる時です。言い換えれば，すべての役割，ポジション（たとえ影響力はそれほどないものでも）

良きリーダーの条件

○専門知識を備えている。
○他人を尊重する。
○良い面を強調して勇気づける（褒めたうえでどうしたらもっと良くなるかを説明する）。
○がんばりや，やる気を褒める（たとえその努力が結果に結びつかなかったとしても）。
○何事も当たり前だと思って無反省に受け入れてしまわない。
○目標達成は可能だという気持ちに皆をさせる。
○明確なルールを決めて自分もそれに合わせて行動する（ルールで想定される中で物事が進むようにする）。
○楽しい雰囲気を作る。
○特権の行使を控える。
○チームの仲間をみくびったり，あざけったりするような発言を絶対にしない。
○目標に向けたひたむきな努力をし，目標を決して見失わない。
○模範的な振る舞いをすることで他の人を刺激する。
○戦略的な手段として褒めたりせず，誠実で，正直で，真摯な態度を示す。
○感情のコントロール。勝ったり負けたりした時に感情的にならないようにする。ミスを客観的に分析する。
○衝突は建設的に解決を図る。チームの発展という意味で衝突を成長の糧にする。
○グループ独自の儀式やシンボルを大事にする。
○チームのために力を尽くす。例えば外部に向けてチームを代表し代弁者となる。
○不自然な形で無理に最高のリーダーになろうとするのではなく，ただ，自分の役割を果たすという意味においてチームの発展に貢献する。

がチームにとって大切だということです。これは選手の態度にも現れるべきであり，コーチによっても繰り返し強調されるべきことです。

それでは，上手にリードする態度とはどのようなものでしょうか。

> **DRILLE** リーダーシップ練習
>
> 1. 10人の選手がボールを1つずつ手に持って輪になって立つ。目線は自分の前の選手の背中に向ける。
> 2. 目的は，ボールを投げ上げ，自分の前の選手のボールをキャッチすること。1つもボールを落とさないで1周させる。これをすばやく行う。
>
> **コーチ**「3～4回試すとわかりますが，この練習は号令をかける人が1人いないとうまくいきません。誰も何も言わなかったり，全員がバラバラにしゃべっていたりするとうまくいかないのです。」

●───チームとしてのまとまり（チームスピリット）

専門の研究論文ではチーム分析の可能性がしばしば扱われています。ソシオメトリー（計量社会学）というキーワードをたどっていくと，個々の選手が他のチームメイトにどれだけ好かれているかがわかるソシオグラムという図表の作り方に突き当たります。

この分析方法はスポーツチームでは絶対に使わないでください。

このソシオメトリーを自分のチームに取り入れた，あるコーチが言いました。「その後3週間，まったく練習にならなかった」と。

こうしたものを取り入れる代わりに，コーチ（場合によってはメンタルトレーナー）は，チーム内での立場や人気に関係なく，一人ひとりのチームメイトの大切さを常に強調すべきです。人はそれぞれに得意とする分野を持っています。つまりどの選手もチーム全体にとって大切な，試合に生きる強さを持っています。しかし，どんな人間にも弱さはありますし，他人にあまり好まれないような一面も持っていたりします。完璧なチームというのは，そうした個人の違いを超えてお互いを受け入れることのできるチームです。お互いを認め合うのに最も効果的なのは，皆が共通の目標を持つことです。

第1章で実施した目標設定トレーニングを，今度はチームが1つにまとまるためにチーム全体で行ってみましょう。

チームの目標

　

　

チームのモットー

　

　

チームのテーマ曲

チームスピリットに関するキーワード

○アウェーの試合では，行きも帰りもチームで行動する。
○試合前日にはみんなで一緒に何かをする。例えば一緒に食事をする。
○試合後に一緒に何かをする。例えば風呂，ボウリング，サウナ。
○常に早めの集合を心がけ，慌てなくてすむようにする。
○仲間が試合中倒れていれば起こして，そのがんばりを称える。
○控え選手は，応援によって試合に出ている人たちの気持ちを盛り上げる。
○ウォーミングアップの時は皆同じ練習着を着用する（チームのジャージを着る）。
○特にアウェーの試合や大会では，チーム一丸となっているところを見せる。
○ウォーミングアップ，試合後のクーリングダウンのランニングおよびストレッチング，解散はチーム全体で行う。
○選手交代で戻ってきた選手をベンチの選手がハイタッチで迎える。
○強い選手が力の劣る選手を引っ張っていく。お互いに助け合い，励まし合う。誰も「ブレーキ」とみなされない。お互いを尊重する。

2−2 集中力の養成トレーニング

●――集中力

注目されている集中力に関する理論に**ナイデファー**のものがあります。ナイデファーは集中力を「注意の指向性」と定義します。これは懐中電灯の円錐形の光を考えてみればわかりやすいでしょう。つまり，狭い領域を非常に明るく照らすか（集中），あるいは広い範囲を弱めに照らすか（拡散）ということです。これに加えて大事なことは，私たちが自分たちの注意を自分の身体以外の外の対象に向けるか（外），あるいは自分たちの身体の「内側の様子に耳を傾ける」（内）かです。結果として４つの異なる集中のタイプが生まれます。

> Nideffer,R.M.(1976). *The Inner Athlete.Mind Plus Muscle for Winning.* New York:Cromwell.

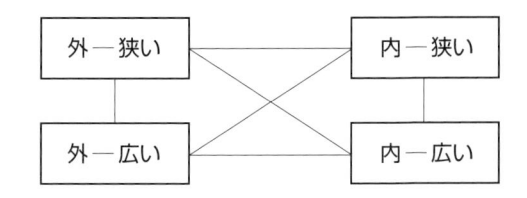

```
外―狭い        内―狭い
       ╳
外―広い        内―広い
```

スポーツでミスが起きやすいのは，狭い範囲の集中が要求される状況において広い範囲の集中をしてしまった場合，あるいは広い範囲の集中が求められる状況で狭い範囲の集中をしてしまった場合です。

多くの競技では，注意力を集中させるか，あるいは拡散させるかの選択だけでなく，両者の間を常に切り替えていくことが要求されます。

ペナルティーキック，コーナーキック，フリーキックは，フォーカスを狭く絞り込まなければなりません。蹴る前にはあらかじめ，ボールをどこに蹴るかを考え，それから技術的にその通りにいくように集中します（状況を考える［外―広い］→切り替え→アクションを起こす［外―狭い］）。

攻撃を組み立てる際，あるいはチームで守備を行う時にはワイドなフォーカスが必要です。なぜならパスを出すにしても，相手や味方の位置やあらかじめ決められている戦術に従わなければならないからです（［外―広い］）。1対1の場面では，一時的に［外―狭い］に切り替え，その後は全

失敗の例
（ペナルティーキック）
キックと蹴り込もうとするゴールの隅だけに集中すべきところ（狭い範囲）を，キッカーが広い範囲の集中を選択してしまったために，観客のブーイングに気をそらされてしまい，ペナルティーキックは失敗に終わる。

Seiler,R.&Stock,A. (1994). *Handbuch Psychotrainingim Sport.* Reinbek bei Hamburg: Rowohlt.

体の状況を見失わないためにすぐにまた［外―広い］に切り替えなければなりません。唯一技術トレーニングのみ，内側への集中が要求されます［内―狭い］。

　個々の集中のパターンと切り替えは，特別にトレーニングすることができます。ふだんの練習でも行うことができます。それに加えて，コーチは必要な集中トレーニングを練習に取り入れるようにするとよいでしょう。最も効果的な方法はこの後紹介することにします（これに関しては**ザイラー／ストック**参照のこと）。

DRILLE　外―広いの練習：写真を撮る

1. 視線を風景に向ける（パノラマビュー）。
2. 目を閉じてリラックスする。
3. 1秒だけ目を開け，また閉じる。その時，自分の目がカメラだと思って1秒だけシャッタを開けたつもりになる。
4. 先ほど「撮った」ばかりの写真を頭に思い浮かべる。この時できるだけ細かいことまで思い出すことに重点を置く。
5. 1～2分たったところでまた目を開け，自分が覚えていたことと実際の風景とを比較する。この練習を繰り返していくうちに，より正確な写真が撮れるようにする。

　ここまで練習を何度か繰り返したら，トレーニングしている特定の試合状況を「撮る」こともできます。1～2秒状況を見てから目を閉じて先ほどの状況を分析してみてください（選手がどの位置にいたか，誰がボールを持っていたか）。試合の中では，一瞬のうちに相手の作戦を読みとらなければならないので，この発展した形のトレーニングはサッカーに特に向いていると言えます。

第2章　チームスピリットとメンタルトレーニング

DRILLE　外－狭いの練習：フォーカスポイント

1. ろうそくに火をつけ1mほど離れて立つ。
2. 炎を見つめ，できるだけ長くそこから目を離さないようにする。
3. 集中が得意な人は何時間にもわたってろうそくの炎を見続けることができるが，初心者であれば2分で十分である。

　このトレーニングで大事なことは，ぼんやりしないようにすることです。それには好奇心を持つとよいでしょう。炎の中に何らかの模様を発見したり，炎の中のいろいろな色に集中したりしてみてください。それでもぼんやりし始めたと感じたらフォーカスを緩め，無理に集中しようとしないことです。

　この練習を何度か繰り返したら，例えば，ボールやゴールの写真など，あなたのスポーツ競技と関連のあるものを使ってみてもよいでしょう。

DRILLE　内－広いの練習：バランス

　バランスをとることで身体全体の集中力を鍛える。
　この練習でバランスを失うことがあれば，それは十分に集中できていない証拠である。
1. 右足で立って左足をゆっくりと前，横に動かし，また身体に沿う位置に戻す。
2. 今度は左足で立って先ほどと同じ動きを右足でやってみる。前へ，横へ，そしてまた身体に沿う位置に戻す。

　この練習のねらいは，重心を頻繁に移動させながらも，バランスを保つことにあります。この練習の発展形として，目を閉じてみてもよいでしょう。やってみると，目を閉じるとどれだけ難しいかに驚くことでしょう。集中しましょう。

　この練習をさらに発展させるのでしたら，観客のブーイング（カセットに録音）を再生したり，野次で邪魔するようコーチにお願いしてもよいでしょう。良いコーチはこういう時のためにいろいろな冗談やギャグを持っているもので，それを耳に入れながらバランスをとることは本当に大変です。

DRILLE　内-狭いの練習：呼吸を数える

1. リラックスした状態で座る。
2. 目を閉じて自分の呼吸に集中する。
3. 息を吸い込み，一瞬止め，頭の中で「1」と数える。
4. ゆっくりと息を吐き，また吸って今度は「2」と数える。こうして続けていく。

気をそらすことなく多くの数字を頭の中で数えられれば数えられるほど，集中できているということになります。この練習を発展させて，同じことを目を開けた状態，あるいは何か障害となるものを取り入れた中で行うこともできます。

DRILLE　切り替えの練習：2つの発信機

1. ラジオのような2つの発信機のちょうどまん中に立つ。
2. 注意を向ける発信機を頻繁に変える。1〜2分間片方の発信機に集中して，その後数回集中する発信機を変える。

DRILLE　切り替えの練習：1つだけの発信機

1. テレビのような発信機に集中し，この情報源から「内側」，すなわちあなたの身体の中に集中を向ける。例えば明日どんな用事をすませたいか考えてみる。この時も目はテレビに向けたまま。
2. その後再び，外部の情報源に集中を向けるようにする。

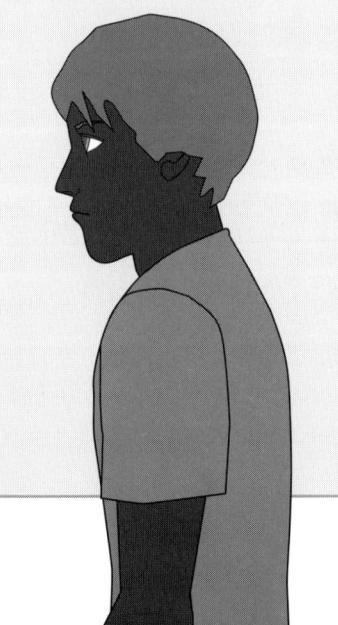

■ 第2章 チームスピリットとメンタルトレーニング ■

DRILLE 切り替えの練習：実際のサッカーに近いバリエーション

1. ドリブル中，コーチの合図で自分の内面へ集中を切り替え，脈拍を数える。次の合図でまたドリブルをする。
2. チームで攻撃の練習をする。この攻撃を相手が邪魔するので，常に全体の状況を把握しておく必要がある（広いフォーカス）。コーチの合図があったら全員がその場で腕立て伏せをする。次の合図で先ほどコーチによって中断された箇所から攻撃を再開させる。
3. 相手に集中している状態（狭いフォーカス）から意識的に周囲全体へ集中を切り替え（広いフォーカス），その後でまた元の狭いフォーカスに戻す。

● ―― 集中力テスト

　集中力を測る（あるいは，定期的に集中トレーニングが行われている場合は，集中力の向上の度合いを測る）には，就職試験でもよく使われる，いわゆる「消去テスト」がうってつけです。この後，6つの異なる消去（集中力）テストを紹介します。ここでのねらいは「00」から「99」までの数字を正しい順番で見つけていき，できるだけ短時間で消去することです。かかった時間が集中の度合いの目安となります。世界のトップアスリートはなんと150秒以下のタイムを持っています。151～350秒のタイムでもかなり良いほうでしょう。このテストは2週間ごとに行うとよいでしょう。

CONCENTRATION TEST

◎集中力テスト　No.1

かかった時間　　　秒

19	24	36	49	03	44	62	18	76	08	69	43
28	09	39	66	13	05	29	40	35	55	14	01
23	42	02	22	94	91	67	58	25	72	77	79
97	81	12	98	92	54	57	63	17	37	34	59
07	74	84	33	10	53	06	46	50	61	26	93
95	68	04	27	65	48	15	31	71	80	00	78
73	41	75	21	51	32	56	64	82	86	60	89
20	85	83	52	70	87	47	90	16	96	38	11
45	30	99	88								

「偉大さというのは，一度も挫折せずに到達できるものではなく，何度挫折してもまた立ち上がることで到達できるものです。」（作者不明）

◎集中力テスト　No.2

かかった時間　　　秒

42	92	54	57	63	17	37	34	01	19	74	03
50	09	39	66	13	05	29	40	72	55	14	59
23	98	33	21	94	91	67	58	25	35	77	79
97	81	12	07	24	36	49	84	44	62	18	76
08	69	43	28	10	53	06	46	02	61	26	93
95	68	04	27	65	56	64	00	86	60	89	20
85	83	52	70	87	47	48	15	31	71	80	82
78	73	41	75	22	51	32	90	16	96	38	11
45	30	99	88								

「闘う者は負けることもあるだろう。しかし，一度も闘ったことのない者は初めから負けているのである。」
（作者不明）

CONCENTRATION TEST

◎集中力テスト　No.3

かかった時間　　秒

98	92	54	57	63	17	37	34	59	07	74	84
33	10	53	06	46	50	61	26	93	95	68	04
27	65	48	15	31	71	80	00	78	73	41	75
21	51	32	19	24	36	49	03	44	62	18	76
08	69	43	28	09	39	66	13	05	29	40	35
55	14	01	23	42	02	22	94	91	67	58	81
72	77	79	97	90	12	70	64	82	86	60	89
20	85	83	52	56	87	47	88	16	96	38	11
45	30	99	25								

「これまで一度もやり遂げたことがないことをやり遂げたいのであれば，これまで一度もしたことのないことをしなければなりません。」（ゲイリー・コーエン）

◎集中力テスト　No.4

かかった時間　　秒

05	24	28	49	67	44	62	18	76	08	02	43
23	09	39	66	13	33	29	40	35	46	14	98
84	42	69	22	94	91	03	58	25	72	77	79
54	81	19	01	92	97	57	63	17	37	34	59
07	74	36	12	10	53	06	55	50	61	26	93
95	68	04	27	65	48	21	30	71	80	99	78
73	41	75	15	51	32	96	64	82	86	60	89
20	85	83	52	70	88	47	00	16	56	38	11
45	31	90	87								

「良い選手はミスをすることがある―悪い選手は同じミスを繰り返す。」（作者不明）

CONCENTRATION TEST

◎集中力テスト　No.5

かかった時間　　秒

19	24	36	49	03	44	62	18	76	08	69	43
28	09	39	66	13	05	29	40	35	55	14	01
23	42	02	22	94	91	67	58	25	72	77	79
97	81	12	98	92	54	57	63	17	37	34	59
07	74	84	33	10	53	06	46	50	61	26	93
95	68	04	27	65	48	15	31	71	80	00	78
73	41	75	21	51	32	56	64	82	86	60	89
20	85	83	52	70	87	47	90	16	96	38	11
45	30	99	88								

「私たちの一番の弱点はあきらめてしまうことにあります。成功への最も確実な道は，繰り返し新たにチャレンジする勇気を持つことです。」(トーマス・エジソン)

◎集中力テスト　No.6

かかった時間　　秒

98	92	54	57	63	17	37	34	59	07	74	84
33	10	53	06	46	50	61	26	93	95	68	04
27	65	48	15	31	71	80	00	78	73	41	75
21	51	32	56	64	82	86	60	89	20	85	83
52	70	87	47	19	24	36	49	03	44	62	18
76	08	69	43	28	09	39	66	13	05	29	40
35	55	14	01	23	42	02	22	94	91	67	58
25	72	77	79	97	81	12	90	16	96	38	11
45	30	99	88								

「あらゆる物事の成功は，事前の準備にかかっている。その準備がなければ必ず失敗する。」（孔子）

> **短期的な集中のためのヒント**
>
> 1. **視線による集中**：私たちは自分たちの五感で知覚したことにしか集中することができない。五感のうち最も大事なのは視覚なので，試合中は観客やスタジアムなどを視界に入れないようにしよう。目の前のやるべきことだけを見るようにしよう。その時もキョロキョロするのではなく，集中した目線を持つようにしよう。
> 2. **自分の中で考えることで集中**：私たちが集中できていない時というのは，本来そこでやるべきこととまったく関係のないいくつものことが頭をよぎっているような時である。そんな時は，自分のやるべきことについて自分を行動へと駆り立てるような言い方で自分に語りかけるのが効果的だと言われている（「外にはたけ！」「そこでフリーになれ！」）。
> 3. **自らの動作で集中**：「まるで」集中しているかのようなフリをして，試合に入り込んで没頭している人の様子を真似てみよう。ワールドカップの優勝者ならその時どんな表情をしているだろうか。そしてどんな振る舞いをするだろうか。

● ── フロー

　モチベーションの時と同じように，ここでももう少し深くテーマに立ち入る必要があります。というのも，スポーツ選手は最高の集中力をいとも簡単に，特別な努力をすることなく達成してしまうことがあるからです。ひょっとしたらあなたも，完全に試合に没頭し，チームが一丸となって最高のハーモニーを奏でている時の気持ちを経験しているかもしれません。相手のやろうとすることが自動的にわかってしまって，こちらの攻撃はすべてシュートで終わるような時です。

　やっていることに「没頭する」というのは特に遊んでいる子どもたちを見るとよくわかります。彼らは周りのことをすべて忘れ，ただ遊ぶことにだけ集中しています。驚くべきことに，この子どもたちは，自分たちが100％集中していることを自覚していないのです。ただ，遊ぶのが楽しいだけで，その結果どんなことが起こるかということについては考えていないのです。

　すでに1975年の時点で心理学者のチクセント・ミハイは，集中というものが，「ある行為の中に完全に入り込み没頭すること」と関係があると指摘し，彼の「フロー体験」に関する記事は世界的にも有名になりました。あることに完全に没頭していた時にどんな感じがしたかと訊かれた人が話

第2章　チームスピリットとメンタルトレーニング

すのは，状況に関係なく，決まって同じ経験です（**レーア**）。

あなたもフロー経験をしたことがあるかどうか考えてみてください。あることに熱中するあまり，周りのことをすべて忘れたことはありませんか。楽しいことをやっていてそのことに完全に入り込んで没頭したことはありませんか（スポーツである必要はありません。フローはさまざまな状況で起こり得ます）。

フローの状態で人は最高の集中力を発揮します。ということはつまり，サッカーチームは，フローの状態で最高の集中力を発揮することになります。そこで，究極の問いとは「どうしたらフローの状態になれるのか」ということです。

その状態を強制的に起こすことはできませんが，フローの状態を起こす手助けとなるファクターがあり，これが高い注意力（興味や好奇心）と高いチームスピリットと組み合わされば，場合によってはフローの状態が起きるかもしれません。

ここまで挙げてきた項目を1つの概念のもとにまとめるとすると，ストレスの軽減ということになります。そこで次に，「ストレス」という現象についてもう少し詳しくみていくことにしましょう。

Loehr,J.(1991). *Persönliche Bestform durch Mentaltraining.*, (32) München;Wien;Zürich:BLV.

フローの状態
- 身体がリラックスしている
- 自動的
- いとも簡単に
- いつでもOK
- 自信がある
- ポジティブである
- 明確な知覚
- 喜び
- 恋している
- ほとんど不安がない
- 覚醒している
- 状況をコントロールできている
- まとまっている感覚
- 行動力に満ちている
- エネルギッシュだが，リラックスしている

フロー状態を起こすファクター

- 単純な生活にする─余計なものを省く。
- やるべきことはすぐにやって先送りにしない。
- 十分な睡眠をとる。意識的に休養し，リラックスする時期を取り入れる（マッサージ，サウナ）。
- 高い集中力を発揮する時，脳は通常よりも多くのエネルギーを消費し，そのために十分な酸素が必要となるので，十分な酸素が供給されるようにし，定期的に（10～15分ごとに）深呼吸をする。
- 一度にたくさんのことではなく，1つだけのことをする。
- 物事を機械的にやるのではなく，できるだけ心を込めてやる。
- 頭の中は，常に現実に向けておく。
- どんな問題もチャレンジとして受け止める。
- もっと笑うようにする。自分の能力がうれしく思えるようにしていく。

2—3 ストレスに対する対処法（最適な緊張状態をつくる）

Lazarus,R.S.(1966). *Psychological Stress and the Coping Process*.New York: McGraw-Hill.

ラザルスによればストレスが生じるのは，ある状況が自分に脅威を与えるものとして判断された場合です。自分に脅威を与える感覚は，課題をやり遂げられなかった時に，その結果として不安やネガティブな結果が伴った場合に生まれます。不安が大きければ大きいほど，そして考えられるネガティブな結果が重大なものであればあるほど，自分に脅威を与える感覚，つまりストレスが増大するのです。

サッカーは試される場面の多い競技なので，試合中でも繰り返し潜在的なストレスとなる状況に直面することになります。例えば，自分たちのフリーキックやコーナーキック，ペナルティーキック，そして試合運びが練習のようにうまくいかず，相手チームがどんどん調子に乗っていくような状況です。

ストレスは集中力にどのような影響を与えるのでしょうか。

次の図は，Uの字を逆さにした形で，ストレスと集中力の関係を示したものです。この図からもわかるように，ストレスは多少であれば，集中力

Yerkes,R.M.&Dodsen,J.D.(1908). The Relationship of Strength and Stimulus to Rapidity of Habit Formation. *Journal of Comprehensive Neurology and Psychology.*

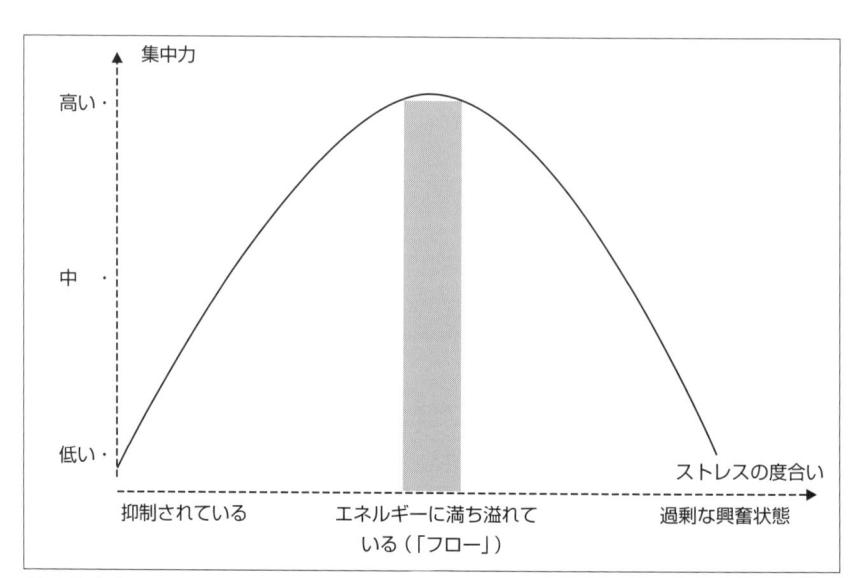

図◉集中力とストレスの関係　　　　　　　　　　　（ヤーキス／ドットソンに依拠）

表◎試合における心理

	抑 制	最 適	過剰な興奮
生理現象	・緩慢な動き ・ぎこちない動き ・あくび	・すべての生理現象が正常に機能	・自律神経の亢進 ・急激な脈拍の増加 ・汗が噴き出る ・尿意，軽度の手足の震え
経 験	・だるさ，緩慢さ ・「怒っている」 ・不安，無関心 ・できることなら競争を避けたい ・ウォーミングアップできるような状態にない	・軽い興奮，ワクワクして待ちきれない状態 ・最高の集中力 ・力がみなぎっている	・非常にナーバス，焦り ・自分をコントロールできていない行動 ・物忘れをする ・注意散漫 ・自信のない振る舞い ・理由もなく動き回る
行 動	・自分の意志に基づく行為が長続きしない ・闘おうとしない ・「うまくいかない」 ・力を出し切れない	・明確な方向づけ ・期待通りの，あるいは期待以上の結果が得られる	・選手の動きが乱され，合理的でない ・ミスが増える ・こわばりが見られる

（プニ，マテシュウムによる補足，エーバーシュペッヒャーからの引用）

に対して非常にポジティブな影響を与えます。コーチの中には，ストレスが五感を鋭くするからこそ，最高のパフォーマンスが期待できると確信を持っている人もいます。実際ストレスが集中力を高め，フロー状態が起きる可能性が最も高まる領域（図で斜線を引いた範囲）があります。しかし，そこからさらにストレスの度合いが強まると，今度は集中力が衰えていきます。

つまり，競技の場面では最適な緊張状態を作り出すことが重要になってきます。その際，基本的に異なる2つのタイプ（抑制と過剰な興奮）があるということを知っておいてください。

●── リラックス：ストレスの度合いが高く過剰な興奮状態を引き起こすケース

このケースではリラックスする方法が必要になります。リラックスした状態というのは，一切活動がなく，緊張もない状態のことです。

Puni,A.Z.(1961). *Abriß der Sportpsychologie*,Berlin:Springer.

Mathesius,R.,Müller,S.&Schellenberger,B.(1974). Leistungserwartung und Leistungserleben. In:Kunath,P.(Gesamtleitung):*Beiträge zur Sportpsychologie*.Teil 2,Berlin(DDR):Sportverlag,(66-152)

Eberspächer,H.(1995). *Mentales Training:Ein Handbuch für Trainer und Sportler*.München:Sportinform

> **コーチへのアドバイス**
> 試合の中で適度な距離感を保ちながらコーチングをするには，コーチもリラックスできなければなりません。

●適用
○トレーニングや試合（競争）の後，よりよく，そしてより早く回復するために行う。
○トレーニングや試合のウォーミングアップの前（目的は決して深いリラックスではない）に行う。

DRILLE 音楽でリラックス

理論：落ち着いた，リラックスできるような音楽を選ぶ。パンフルートの音楽や波の音，暖炉の火が燃える音のようなリラクゼーション音楽が市販されている。

1. 落ち着いた音楽を探し出して聴く。ウォークマンなどを用いて必要があれば静かに座った姿勢，あるいは横になった姿勢で聴く。
2. 時間：10〜20分（試合前）／2〜4分（ハーフタイム）。
3. リラックス音楽は変えないこと（学習効果を得るため）。

DRILLE 呼吸法でリラックス

理論：リラックスの度合いは脈拍や呼吸にも現れる。心臓のリズムを変えるのは難しいので，呼吸によって緊張状態に影響を与えてみよう。

1. 静けさ，リラックス，落ち着きなどを象徴している絵を探し出す。例えば，日没の絵，波の砕け散る岩の絵，アイドルの写真など。
2. 目を閉じ，ゆっくりと呼吸し，先ほど選んだ自分をリラックスさせてくれるシンボルを思い浮かべる。
3. 口に出さずに（あるいはごく小さな声で）そのシンボルを指す言葉の最初の音を言いながら息を吸い込み，息を短く止め，頭の中で（あるいは静かに声に出して）残りの音（言葉）を言う。
4. 結果的に息を吸う時間の2倍の時間をかけて息を吐くことになる。その結果初めに呼吸が落ち着き，次いで脈拍が，そして最終的に頭の中も落ち着くようになる。

■ 第2章　チームスピリットとメンタルトレーニング ■

DRILLE　センタリング（中心に集中）

理論：過剰な興奮状態の時には，思考が飛んだり，よく考えないまま行動したりしてしまいがちである。そこで，この練習では，頭の中で考えていることを意識的に一点に集中させるようにする。そうすることで，再び目標を見定め，目的意識がはっきりするようにする。

1. まっすぐに立ちやすい姿勢で立ち，腕は力を抜いた状態で身体に沿って垂らす。両足は肩幅に開き，左足は少し前に出す。肩の力を抜いて，頭は軽く前に倒す。初めは目を閉じて行う。しばらくしたら必要な時だけ閉じるようにする。
2. 初めに1本の線が上から身体の中心を貫くことをイメージしよう。その次に，今度はもう1本の線が左から右に向けてやはり身体の中心を貫くことを想像してみる。両方の線の交差する点に集中する（通常へその下1～2cmのところ）。そこがあなたの身体の中心である。身体の中心に集中していくうちに，前よりもリラックスした気持ちになり，頭の中もすっきりするはずである。

DRILLE　シャットアウト

理論：ナーバスな状態は伝染しやすいものである。1人の選手がナーバスな時，あるいはナーバスになりそうな時は，すでにナーバスになってしまっている人やイライラした人を，その選手からできるだけ遠ざけるようにする。そして，むしろ落ち着いて，リラックスしている，場合によっては冗談を言うような人と話をさせ，選手を落ち着かせるようにする。

1. 事前に人を落ち着かせる性格を持っている人を見つけておき，（可能な範囲で）試合前にナーバスになっている選手をこの人たちと接するようにさせる。

DRILLE 自立訓練

理論：シュルツの自律訓練は最も古く，おそらく最もよく知られている練習法である。この練習では，注意力を自分の身体に向けることによって，そして自分に対する命令によってリラックスした状態になるようにする。もう一歩進んだ形では，想像した絵によってリラックスするようにする（イメージ）。この練習は，身体に関する6つの下位の練習（重さ・熱・心臓・呼吸・腹部の温感・額を冷やす練習）と瞑想に似た上位の練習からなる。しかしながら自律訓練は身につけるのに比較的時間がかかると言える。

1. リラックスした状態で座るか，寝る姿勢をとり，ゆっくりと呼吸しながら自分の神経を左腕に集中させる。
2. そして心の中で「私の左腕はとても重い」と言う。実際に重く感じるようになるまでこの言葉を繰り返す。
3. 次は右腕に集中する。「私の右腕はとても重い」。そして「私の腕はとても温かい」という命令を出すと実際に温かい気分になる。
4. コーチはその様子を観察することができる。静脈がまるでサウナにいる時のように膨らんでいく。つまり，この温かさはただ理論上のものではなく実際に測定できるものなのである。結果的に血行がよくなり，もっとリラックスできるようになる。また，ストレスが軽減され，集中力が高まる。

Schultz,J.H.(1951).*Das Autogene Training.*Stuttgart:Thieme.

DRILLE 段階的な筋肉の弛緩

理論：バーンスタイン／ボーコヴェックによる段階的な筋肉の弛緩は，身体の大きな筋肉を決まった順番で，一時的に意識的に緊張させ，また弛緩させる方法が基本。この練習により，筋肉が痙攣を起こしているかどうかについても感覚が鋭敏になり，個々の筋肉を意図的に弛緩させることもできるようになる。この練習は短期間で身につけることが可能である。そしてあるレベルに達すれば，15分もかからないようになる。

1. 16の筋群：それぞれの筋群に集中する。
2. 筋群を緊張させる。
3. 5秒間緊張を維持する。
4. 緊張を解く。
5. 弛緩した状態を感じ取り身体で覚え込む。

Bernstein,D.A.&Borkovec,T.D.(1975).*Entspannungstraining.Handbuch der Progressiven Muskelentspannung.*München:Pfeiffer.

■ 第2章　チームスピリットとメンタルトレーニング ■

DRILLE　精神衛生トレーニング

理論：リンデマンの精神衛生トレーニングはヨガから生まれた。このドリルでは身体の旅を想像することでリラックスする。このドリルにはすでに紹介したリラックス方法の要素も取り入れることができる（例えば，個々の筋群の緊張と弛緩，それに自己暗示など）。この練習にはきまりがあまりなく，練習自体も比較的短時間で身につけることができるうえ，時間もそれほどとらない。

注：「精神衛生」という言葉を聞いただけで，距離を置いてしまう人もいるかもしれないので，「身体の旅」，あるいは「想像の旅」という言い方のほうがいいのではないか。この時，血球が身体の中を移動していくイメージを持つようにする。

1. 落ち着いた状態で座るか，あるいは横になり，足からふくらはぎ，膝……最終的に額のまん中に至る身体の旅行を頭の中で想像する。
2. その時々に頭の中で意識している身体の部分が温かいというイメージを持つようにする。
3. 時間：およそ20分。

Lindemann,H.(1985).*Einfach entspannen-Psychohygiene-Training*.München:Heyne.

DRILLE　瞬間リラックス

理論：深いリラックスの状態といえば睡眠である。寝ている時，呼吸と脈拍は下がり，筋緊張も低くなる。ここで練習する瞬間リラックスは，短時間で睡眠に近い状態になることをめざす。この方法は経営マネージャー向けの講習会でも教えられている。「短時間の睡眠でより多くのエネルギーを得る」。

1. キーホルダーを左手に持ち，身体の右半分は壁に寄りかかる。目を閉じて寝る努力をしよう。
2. 2～4分すると筋肉の緊張が次第に緩んでいき，最終的には鍵を持っている筋肉も緩み，鍵が床に落ちる。鍵が床に落ちた音に少なからずびっくりする（「目が覚める」）ので，そこで瞬間的なリラックスが終わる。
3. 興奮状態であった心身は，初めよりも落ち着いた状態になり，目的を達成したことになる。

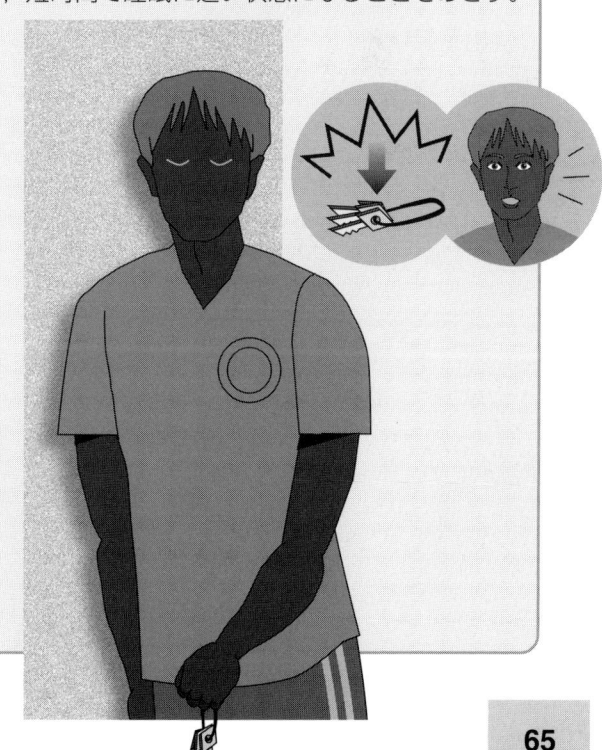

DRILLE 自己催眠

理論：催眠は特別な意識状態だが，寝る直前の状態に似ている。まだ起きてはいるもののすでに夢を見ているような状態である。この状態の時，人間は自分の命令にとてもよく従う。リラックスの状態を，力や意志のように自分で「作り出す」ことができるわけである。この自己催眠は自律訓練や精神衛生トレーニング，瞑想に似ているところがある。

1. リラックスした状態で座るか横になる。息を吐くたびに，自分がどんどんリラックスし，落ち着いていって，心地良い深い催眠状態におちていくことをイメージする。
2. この時エスカレーターのイメージが役に立つ。すなわち，エスカレーターを下っていけばいくほど催眠状態が深くなると考えるのである。
3. 自分が本当にリラックスしている状態に達したと感じたら（およそ5分か10分たった頃）自分に命令が出せる状態になる。例えば「私は落ち着いていてリラックスしている！」あるいは「私はプレッシャーがかかる状況でも冷静でいられる！」などである。

DRILLE ゆっくりとした身体活動

理論：バランスをとることは，人をいやおうなしに集中させる。集中を欠けば倒れてしまう。

1. 目を閉じ，左足で立ち，右足はゆっくりと前へ，横へ，そして再び身体の下に戻す。
2. 次に同じ動きの流れを左足で行う。リラックスすることが目的であるから，常にゆっくりとした動きを心がけ，バランスをとることに集中する。

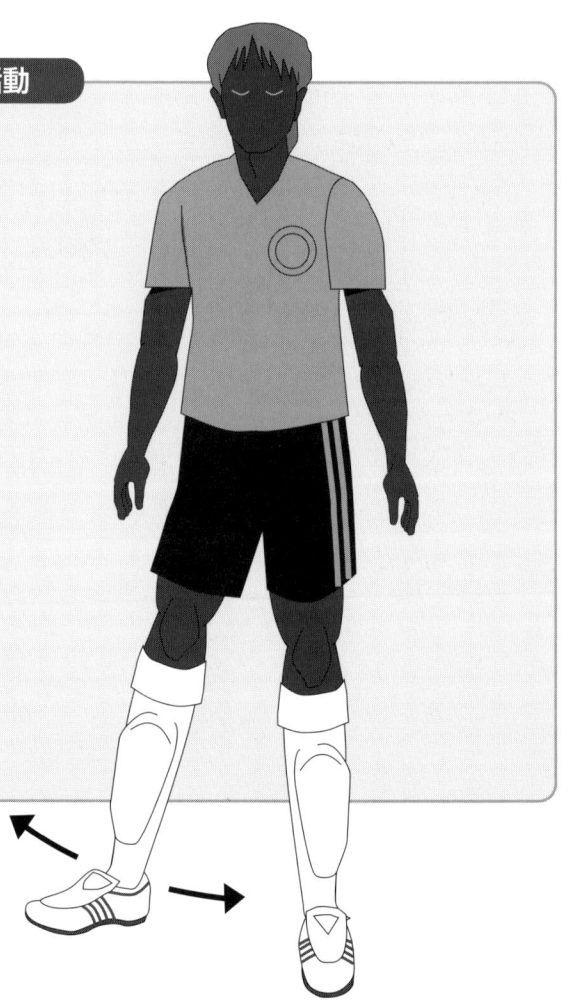

●──活性化：ストレスのために気後れするケース

このケースでは活性化が必要となります。ここでの活性化とは，精神的な活性化のことです。しかし，前項のケースと同様，筋肉のリラックスも練習の目的です。

●適用
○ウォーミングアップ前の段階ですでに疲れの症状がみられる場合（ここではコーチが敏感に察知し，正確に把握する能力が要求される）に行う。
○試合中
　(1)最適な緊張レベルに到達するために行う（心理的側面）。
　(2)最後の力を引き出すために行う（生理的側面）。

DRILLE　音楽で活性化

理論：行い方は音楽によるリラクゼーションと同じだが，もっと速いテンポで勢いづかせるような音楽を用いる。

DRILLE　呼吸法で活性化

理論：緊張の度合いは，脈拍と呼吸にも現れる。心拍のリズムに影響を与えるのは難しいので，呼吸によって心身両面の興奮の度合いに影響を及ぼすようにしてみよう。

1. 力強さ，エネルギー，実力などを象徴する絵を探し出す（例えば狩猟動物，アイドル，嵐，激しいファイトの絵など）。
2. 目を閉じ，ゆっくりと呼吸して自分の活性化のシンボルについて考える。思い描いているシンボルを指す言葉を頭の中で（あるいは小さな声で）1音ずつ順番に言っていき，その際，速くそして意識的に息を深く吸い込む。
3. 息を一瞬止め，その後，普通に吐く。つまり，吐く時間の2倍の時間をかけて息を吸うわけである。それによって呼吸，脈拍が活発になり最終的には頭の中も活性化される。

DRILLE　モチベーションの伝染

理論：モチベーションは伝染すると言える。モチベーションの高い人を思い浮かべただけで自分も活性化されることがある。

1. 疲れている時，やる気のない時，あるいは気後れしているような時にはモチベーションの高い人の近くに行く。
2. 無気力でネガティブな人はできるだけ避けるようにする。

DRILLE　目標を見定めた視線

理論：理想的な緊張状態にある人は見ただけでわかるものであり，それがはっきりと現れるのが視線である。選手は落ち着きなく，気後れした感じで関係ないものを見ているだろうか，それとも精神的に集中し，はっきりと目標を見定めた視線をしているだろうか。

1. 事前にコーチとキーワードを決めておいて（例えば「目！」あるいは「相手を見ろ」）練習する。
2. 試合中に選手の集中力が切れてきたら，コーチはそのキーワードを大きな声で叫ぶ。

DRILLE　食物

理論：食事は身体の状態に直接影響を及ぼすが，心理にも影響する。セレトニン（しばしば「幸福ホルモン」と言われるが）は，満足感と円満な気持ちをもたらす（バナナ，アーモンド，赤カブに含まれる）。

活性化の手助けにすぐに効果を発揮する栄養には以下のものがある。カフェイン（コーヒー，ガラナ製品），たんぱく質（牛乳，栄養補助として液状のたんぱく質）。

DRILLE　身体の活性化

理論：「食欲は食事をしていると出てくる」とよく言われるが，それをスポーツにあてはめると，気後れしているスポーツ選手が調子を取り戻すには，とにかく自分の競技をやればよいということである。

1. 特別に長いウォーミングアップのプログラムを考える。
2. 団体行動の義務：一緒にウォーミングアップを行う。
3. 「たった5分の約束」を使う。

DRILLE　たった5分の約束

理論：身体というのは一度動かし始めると運動し続けようとする。これがいわゆる「物理の慣性の法則」である。これをスポーツにあてはめると「始めるきっかけ」が決定的な要因だということになる。選手がストレスから来る気後れの状態にあり，自分自身でそこから抜け出すきっかけをつかめない場合は，コーチの力が必要になる。

1. 自分でモチベーションを高める：5分間だけ非常に高いモチベーション状態にあるフリをすると自分に言い聞かせる。5分経っても「本当に」モチベーションが高まっていなければ，この方法はそこで止める（たいていはこの練習により，それまでのフリが本当のモチベーションに変わる。そうすれば集中力が生まれ，最高のパフォーマンスが可能となる）。
2. 他人にモチベーションを高めてもらう：「5分間，自分が今最高のモチベーション状態にあるフリをしてください」と当該選手に言う（「たった5分だよ。成功を勝ち取るためなら何でもないだろ！」）。それでも本当にモチベーションが高まっていなければ，次の「闘争心」に移る。

DRILLE 闘争心

理論：ボート競技の有名なコーチ，**カール・アダム**はスポーツ競技における闘争心というものは，「自分のやろうとすることを周りの障害に負けずにやり抜くことである」と言った。闘争的な態度は，彼にとって，パフォーマンスを高めるために必要なことである。これは，とりわけストレスを感じると精神的に疲れてしまう選手にとって重要である。

1. 自分でモチベーションを高める：大きな声で叫び，何かをしている間も常に大きな声を出し続ける。
2. 他人にモチベーションを高めてもらう：コーチに自分の「目を覚ましてもらう」。コーチに侮辱され（「相手はお前は役立たずだと言ってるぞ！」），怒鳴りつけられる（「何のためにトレーニングしてきたんだ？　さあ，行け！」）。

注意：これは最もハードな戦略と言える。選手によっては怒鳴りつけられるのに向いていない選手もいる。

Adam,K.(1981).Handlungsmotivationskonzepte eines Praktikers.In:Lenk,H.(Hrsg.). *Handlungstheorien interdisziplinär-Erster Halbband*.München.

　思い出してみましょう。ここまでみてきた多くのリラックス，あるいは活性化の方法は，ストレスともっとうまくつき合っていくためのものでした。ナーバスな時はリラックスする方法が助けてくれます。逆に疲れている時は，活性化を促す方法が助けてくれます。選手はすべての方法を試してみて，その中から自分の「お気に入り」を見つけ，それをやり続け，自分のものにしてしまうとよいでしょう。

　それからもう一つ補足です。ストレスは「それ自体」として存在するものではありません。ストレスは必ず私たちの状況判断の結果として生まれるものです。つまり，競技を（たとえ状況があまりよくないとしても）チャレンジとして，自分を高める良い機会，トレーニングのチャンス，ショーや楽しみとみなせば，ストレスは起こらないわけです。誰かにひどく攻め立てられ，苦しめられた時は，その人がミッキーマウスの耳をつけてトイレに座っている姿を思い浮かべなさい，という昔からのアドバイスはまさにそのことを表しています。（反対に）あなたがある状況を「脅威」とみなした途端，あなたの身体は警戒の反応を示すようになり（アドレナリンの分泌，脈拍の急激な上昇，視野が狭まる），きれいにパスすること，

■第2章 チームスピリットとメンタルトレーニング■

キャッチすること,全体の状況を把握し続けることが非常に困難になります。

ですから,コーチは厳しい状況下でも選手たちに微笑みかけるようにして,皆が,次のような気持ちになれるようにすべきです。「たかが試合じゃないか。何も恐れる必要はないんだ！ たとえ0：10で負けても人生はそこで終わりじゃない。たくさんミスをしたとしても,それによってこれから先どんなことをトレーニングすればよいか教えてもらったと思えばいいんだ」。

2—4　精神力を強化するトレーニング

メンタル面の強さ，あるいは精神力というものは，試合の中でたとえ自分がどんなに悪い状況に置かれていても「絶対大丈夫だ」という強い信念に基づいて持つことができるものです。**レーア**は「なるほど」と思わせる定義をしています。「精神力とは，試合状況に拘わらず自分の最大限の力を発揮し続けることができる能力のことである」。

レーアは主張します。「試合は人を試す性質を持っているので，選手は更なるプレッシャーにさらされることになる。こうしたプレッシャーを相殺するためには，メンタル面の強さが要求される。メンタル面の強さを持つことで，最高の能力が発揮できるようになる」。

試合は本当に能力の発揮を妨げるものなのでしょうか。

確かに試合には，スポーツ選手の能力の発揮を抑制する作用があるようです。少なくとも**フレスター／ヴェルツ**は，ドイツのさまざまなスポーツ連盟がまとめた最高峰の国際大会における能力分析を参照してそのような見解を示しています。その分析によると，見込んでいた能力通りの最高の能力を発揮できたのは，わずかに全体の35％の選手だけであったというのです。つまり，「**生まれながらのファイタータイプ**」，すなわち試合で自分の能力以上の力を発揮する選手というのは，例外的な存在であるということです。その際，その選手のことを，生まれながらのファイターと呼ぶか，あるいはメンタル面が強い選手と呼ぶかは，単に呼び方の問題に過ぎません。

一般の人は，「生まれながらのファイタータイプ」と聞いてどのようなことを連想するでしょうか。生まれながらのファイタータイプとは，試合の場面であっても自分の持っている最高レベルの能力を発揮できるように，自分のメンタル面に働きかけることのできるスポーツ選手のことです。この定義をみれば，「メンタル面が強い」という言葉との類似性がみえてくるでしょう。つまり，2つの概念は互いに置き換えが可能なのです。

以上のことから言えるのは，メンタル面の強さ（生まれながらのファイタータイプ）が，すでにみてきたモチベーション，そして集中力という2

Loehr, J.E. (2001).
Die neue mentale Stärke. Sportliche Bestleistungen durch mentale, emotionale und physische Konditionierung. (20)
München: BLV.

Frester, R. & Wörz, T. (1997).
Mentale Wettkampfvorbereitung. Göttingen: Vandenhoeck & Ruprecht.

生まれながらのファイタータイプ
・意志が強い
・モチベーションが高い
・決してあきらめない
・耐え抜くことができる
・打開する力がある
・全力投球する
・確固たる自信を持っている
・ベストを尽くす
・力を出し切る

つの領域のコンビネーションによって得られるものであるということです。メンタル面が強い選手は，試合の場面でもモチベーションも集中力も非常に高い状態で臨むことができるのです。たとえその時に何らかの困難が生じたとしても，その選手は自分の持っている最高の能力を発揮できる状態を維持することができるのです。それはその選手が，モチベーションが下がった時どうしたらまたモチベーションを高めることができるのか，集中力を欠いた時にどうしたら最高の集中の状態に戻すことができるかを知っているからです。

こうした見解の理論的バックグラウンドとなっているのが，**バンデュラ**によって知られることとなった自己効力感理論です。それによると，人間は機械と違って物理的側面のみによって規定されるものではなく，練習で身につけたことが，ある時点で練習通りできるかという点が重要なのです。そしてそれができるかどうかは，そうした能力を自分が持っているという確信がどれだけあるかということにかかっています。

ポジティブな期待を持って臨むか，ネガティブな期待を持って臨むかで，試合中に発揮する能力の高さと安定性がほぼ決まってきます。選手がどのレベルの選手であるかはそこでは関係ありません。

Bandura,A.(1977). Self-Efficacy:Toward A Unifying Theory of Behavioral Change. *Psychological Review*, 84,(191-215)

自分を信じられるようになるために必要なこと

○厳しい練習を積んできたという自負
○自分の強さ（長所）を自分でわかっている（自分が他人よりも得意なのはどのようなことか）。
○試合が１つのゲームに過ぎないということを自覚している。つまり，たとえまったくうまくいかなかったとしても「人生は続いていく」のであるし，自分は強さも弱さも持った愛すべき一人の人間なのだということがわかっている。別な言い方をすれば，プロスポーツには勝つだけでなく，負けることもつきものであるということ，そしてある程度負けることを経験した人だけが本当の勝利をつかむ資格があるということを知っている。

精神力を強化するためのアドバイス

○トレーニング日記をつけるようにする。すなわち１週間の練習時間を集計し，トレーニングを目に見える形で表して，スポーツの能力に関して自分の強さが明確になるようにする。
○トレーニング等の成果を表にする。ビデオ分析を行う。相手との比較。
○スポーツ以外の自分の強さを見出し，人生の目標を立てる。

実験
Röder,K.-H.&Minich,I. (1987).
Psychologie des Überlebens.Survival beginnt im Kopf. Stuttgart:Pietsch,(81)

　信じることができれば，文字通り山をも動かすことができるということを，ラットを使った少し残酷な**実験**が示しています。この実験では，初めにラットを半分まで水の入った水槽に投げ込みます。水槽の壁にはって登れるようなしかけが一切なかったので，ラットはまもなく溺れ死んでしまいました。実験を指揮したキャノン博士はその時間をメモし，引き続き行われた第2段階の実験の目安にしました。今度もラットは半分まで水の入った水槽に投げ込まれましたが，先ほどの目安の時間に達する直前にキャノン博士が脱出するための手助けをした（＝棒を与えた）ので，博士はラットを「救出」することができました。そして次の，実験の第3段階が最も興味深いものでした。今回は先ほど溺れずに助かったラットが他の（訓練されていない）ラットとともに水槽に投げ込まれました。そこでの結果は驚くべきものでした。一度この状況を経験しているラットは，最終的には死にましたが，他のラットよりも長く持ちこたえたばかりか，何時間も生き延びることができたのです。

　おそらく「訓練」されていたラットは，1回目の時のように最後の最後で助けてもらえるだろうという確信を持っていたのでしょう。

　信じることがラットの能力を何倍にもしたのです。

●────実践の場での活用

　サッカーチームがメンタル面を強化するのに最適な場面は，試合直前のウォーミングアップです。

　選手，コーチ，そしてメンタルトレーナーが一緒になってウォーミングアップの際のきまりを作るとよいでしょう。ウォーミングアップのきまりは，トレーニングに関する研究成果やスポーツ医学的見地から，身体を試合に向けて準備させるだけでなく，スポーツ心理学的見地からも最適な精神状態を作り出すものでなければなりません。

　そのためにはウォーミングアップのプログラムをできるだけ簡単なものにしてください。

　この時選手は頭の中で積極的に次のようなことを考えるようにします。

　「そう，今自分は確かにヨーロッパ選手権の舞台に立っているわけだが，

> **DRILLE** 精神力強化のためのサッカーのウォーミングアップ
>
> 1. 単純な動き，単純なパス，単純な壁パス，見事なパス交換，短い距離でのヘディング，ボール感覚を得るための短い距離でのジグザグドリブル，そして最後にモチベーションを高めるために何本かシュートをうって目を覚ます。
> 2. 常に同じいつものウォーミングアップを行う。
> 3. 皆で一緒にウォーミングアップをする。
> 4. 技術的なことは考えない―「感覚」だけに集中する―良い気持ちになる。
> 5. ストレッチングをしながら試合の時の気持ちを作り上げていく。
> 6. その時に考えること。「自分のやっているのは誰よりも良いウォーミングアッププログラムだ！ きょうの自分たちは今までで一番強い！」。
> 7. 笑うことができ，楽しめるようにする。
> 8. 皆で誓いを立てる／チームのスローガン
> 9. もう一度戦術を確認／お互いにハイタッチする／さあ，行こう！

自分がここでやれるということはわかっている！ 間違いなくやれる！ 他の誰よりも良いウォーミングアップをしてやる！ それで自分は決定的に有利になる！ 他の誰よりも良い準備ができている！ 自分がやれるということはわかっている！」。

大事なことは，選手が自分の置かれている状況を1つのチャレンジであると同時に楽しみとみなすことです。試合が人に与える怖い印象を拭い去らなければなりません。そうして初めて選手は試合に没頭し，自分の持っている能力をも味わい，楽しむことができるようになるのです。

メンタル面での試合の準備として，選手はウォーミングアップこそ利用するとよいでしょう。そして**ポジティブな自分との対話**を通じて強い精神状態を作り出すべきです。一度ウォーミングアップのプログラムを決めたら，その後はウォーミングアップをいつも同じように行うようにするためにも，変えないようにしてください。

それでもうまくいかない時…その場合でも選手は悩み始めてはいけません。悩まずに，まるで万事うまくいっているようなフリをしなければなりません。一度ネガティブな考えや悩みが生じてしまうと，それはすでに負けへの第一歩と言えます。ですから胸を張って歩き，目標を見定める視線で腹筋に力を入れ，肩を後ろに引き，自信に満ちたオーラが溢れ出ている

ポジティブな考え方
「これがプレッシャーだって？ ばかばかしい！ 試合は楽しいよ！ 試合が好きだ！ プレッシャーのある状況で一番力が発揮できるんだ！ 試合のプレッシャーが好きだ！ ここにいられるのがうれしい！」

ような素振りをしてください。

　試合が終わった後の分析で（メンタル）コーチは選手との対話，あるいはビデオを通して試合の間中ポジティブな考えを持ち続け，自信に満ち溢れ，強い精神状態を保つという目標がどの程度達成されたかを確認することができます。試合に負けた場合は，その選手の技術レベルがまだ十分でなかった，あるいはまだ十分なコンディションになかったのではないかということも，答えとして考慮に入れる必要があります。

　精神力の強さは「ここまで厳しい練習を積んできたし，調子もいい，きょうはやってやる！」という選手の確信から生まれます。選手がこうした確信を得るには，一つには自分自身を知ること（トレーニング日記／自分の強さ，得意とする点），もう一つには，試合の状況場面をポジティブに評価できるようになることです（試合はチャレンジだ／楽しみだ／試合に負けたとしても自分の選手としてのキャリアも人生もそこで終わらない）。そうした勝負の場面で一番の助けとなるのが，簡単に，コンスタントにやり続けることができるウォーミングアップのプログラムです。それによってチームスピリットが高まり，選手は自信を持つことができるのです。

> 試合に負ける原因はいつも「頭」の問題とは限らない！

●──「思考」の力

　何かを考える時，私たちはある意味において自分と「対話している」と言うことができるでしょう。このような内面における対話が私たちの行動に大きく影響を与えます。私たちが最終的に何かをあきらめる時，私たちは先に内面であきらめの気持ちを抱いているのです。しかし，逆のことも言えます。すなわち，私たちは内面における対話によって運動能力を肉体の限界に近いところまで高めていくことができるのです。いくつかの例をご紹介しましょう。

　ハネス・リンデマンはすでに二度大西洋を横断しています。一度目は丸木舟に乗って，そして二度目は折りたたみ式ボートで。彼の内面における対話は，思考の力を示しています。

　また，ディーター・バウマンは，自分の頭の中をめぐったことについて次のように書いています。

■ 第2章　チームスピリットとメンタルトレーニング ■

[ハネス・リンデマン]
　出発する半年前から私は「俺はできる！」という言葉を1日3回唱えて頭に叩き込むようにした。それに加えて夜寝る前には，「俺はたどりつけるだろうか」という問いに対する答えを夢の中で内なる声として聞くことはできないだろうかと考え，潜在意識に働きかけるようにした。
　数ヵ月経った頃には，内なる声の答えとして，折りたたみ式ボートでの横断はうまくいくという壮大な安心感が得られるようになった。前と違って安心感があった。以前には二度ほど，内なる不安の声が上がったために引き返したことがある。
　この壮大な安心感を得た時に，私は航行する決断をし，疲れ果てた時に思い出すための別の言葉を潜在意識に叩き込むようにした。「方向を維持しろ，西だ！」。寝不足状態の自分が甲板を襲う荒波に押し流されてしまってから目を覚ますのでは遅過ぎるのだ。それ以外にもう一つ潜在意識の中に叩き込まなければならない言葉があった。「絶対にあきらめるな！」。これは，眠気に襲われた時に聞こえてくる人を惑わす声，自分を待ち構えているであろう幻覚に立ち向かうための言葉だった。あの世からの甘い誘惑の声が，あらかじめ訓練した潜在意識の前に，波のように砕け散ることを祈った。57日目に転覆し，嵐の中9時間もボートの上に横たわり，夜明けになってようやく身を起こすことができた時に，あきらめないという気持ちが暗黒の航行の中での心を守る鎧となってくれた。9時間もの間，6～9ｍにまで達する容赦ない荒波とうなりを上げる風の中，ぬめりのあるちっぽけなゴムボートにしがみついていたのである。それは普通の生きる意志だけでは無理だったであろう。
　　　　　　　　　　　　　　　　　　　　　　　　　　　　　　　　　　　　　（リンデマン）

Lindemann,H.（前傾書）　Eberspächer,H.(1984).Sportpsychologie,(24-25) Reinbek bei Hamburg:Rowohlt.

[ディーター・バウマン]
　……それとも私がオリンピックの優勝者として相手選手たちとどう向き合ったかをお話ししたほうがよろしいだろうか。彼らにレースをしかけ，彼らと話をすることをお話しすればよろしいだろうか。いや，モルセリ（アルジェリア）よ，俺のことを抜かせはしない。それからゲブレシラシエ（エチオピア），お前が勝負をしかけようとする時は気をつけな。スカー（モロッコ），お前は俺に近づこうなんて考えるなよ。
　残り3000ｍ。スカーはまるで猫のように前に飛び出し，モルセリにアタックし，追い抜いていく。ここで自分もついていかなければ。すぐ後ろにぴたりとつく。スカーはどんどんスピードを上げようとする。スピードは非常に速い。ついていくんだ，ディーター，ついていくんだ。
　今俺は別世界にいる。自分のトンネルの中だ。このトンネルは自分を守ってくれるもの，傘である。心理学者はおそらく，それが私が保護を求めて逃げ込もうとする子宮だと言うだろう。ここは私の家であり，そこでは私の世界，私の映画，私のプランだけが有効である。観客はもはや存在しない。観客が熱狂しようが，黙っていようが，ブーイングしようが，拍手を贈ろうが，私が彼らを意識することはない。イザベルも消え失せた。今，彼女のことを思っていると言ったとしたら私は嘘をついたことになる。存在するのは敵だけだ。お前は他のやつらを置き去りにしていく，と私の（頭の中の）映画は言う。ゴールの500ｍ手前でターボエンジンをかけると，私の脳は筋肉に爆発しろと命令を出す。それで私は一気に3～4ｍ前方に押し出される。（勝つには）それで十分だろう。
　　　　　　　　　　　　　　　　　　　　　　　　　　　　　　　（バウマン，シュトル／ツィーマインツ）

Baumann,D.(1995).Ich laufe Keinem hinterher.(34,48) Köln:Kiepenheuer&Witsch.
Stoll,O.&Ziemainz,H.(2000).*Mentale Trainingsformen im Langstreckenlauf:Ein Handbuch für Praktiker.* Butzbach-Griedel:Afra.,(75,81)

思考の力が私たちの行動に与える影響は，いくら強調してもし過ぎることはありません。それはスポーツ選手に必要なスピリットに到達するための最善の道であると同時に実践的スポーツ心理学における最も大切な出発点なのです。もしも自分の頭の中を目標に合わせてプログラミングすることができたら，最大限の集中力が発揮できます。

　さて，それではあなたの内面における対話はどのような状態でしょうか。それはあなたを助けてくれますか，それともあなたの邪魔をしますか。それを判断するために利用できるのが，思考の記録です。まず，ある動作をしてください。そしてその動作の前，動作の最中，そして動作の後に考えたことを記録してください。同じことを一度試合の時にやってみてください。あなたの考えたことを**ワークシート8・9**（P.80〜83）に記入してみてください。

　これはまだ一度もやったことがないので難しく思えるかもしれません。実際に考えている自分を観察するには練習が必要です。自分の考えていることを明らかにする助けとなる方法の一つがビデオとの対面です。トレーニング，あるいは試合中の自分をビデオに撮ってください。そして撮り終わったらすぐに内面における対話という観点からビデオを見るようにしてください。あの状況の厳しい場面で自分は何を考えていたのだろうか。多くの選手にとってよく思い出すことができるのは，同じ状況をもう一度見た時です。自分の頭の中で何を考えていたかがはっきりとわかるまでこれを試してください。こうすることによって初めて，後から何かを改善することができるようになるのです。

　思考の記録をとったら，自分の考えたことを，「助けとなる／課題に即した考え」と，「気をそらす／課題とは関係のない考え」に分類し，評価の表のそれぞれの欄に記入します。そこからどのようなことがみえてきますか。

　うまくいったトレーニングやうまくいった試合など，試みがうまくいった場合はポジティブな考えが呼び起こされ，逆に試みがうまくいかなかったり失敗したりした場合は，ネガティブな考えが呼び起こされることが学術研究によって明らかにされています。あなたの場合も同じことが言えますか。

　ワークシート8・9の結果をもとに，今度はあなたの集中力を目の前の課題に向けさせるような言葉を頭に「叩き込む」ことで，あなた個人の

■ 第2章　チームスピリットとメンタルトレーニング ■

「思考のトレーニング」を組み立てることができます（例えば，今フリーになるんだ！　自分は落ち着いていてリラックスしている！　ボールを見ろ！　など）。こうして精神力がついていきます。

　考えていることを表現するための最善の方法はいったいどのようなものでしょうか。ポジティブな考えが効果を発揮するためには，2つのことを理解しておく必要があります。

> 1．私たちの脳は「〜（し）ない」という指令を理解しない。
> 2．私たちの脳は具体的で正確な指示を必要とする。

　1点目に関してはいろいろとおもしろい話があります。スピーチをしている時に，ある人の名前を別の人と間違わないように注意していたらかえって間違ってしまったという経験が，皆さんにもあるかもしれません。こうした脳の特性は厄介です。多くの親が自分の子どもに「道路に飛び出してはいけない」という言い方で覚え込ませようするからです。

　スポーツでは「遅くならないようにしろ！」あるいは「そこで気をそらされないようにしろ！」と考えると，意図したことと正反対の結果を招くことになります。ですから常にポジティブな表現を心がけてください。

「遅くなるな！」 「気をそらされないようにしろ！」 「硬くなるな！」 「慌ててパスをするな！」	と言う代わりに	「ここは耐えろ！」 「ボールに集中しろ！」 「落ち着け！」 「よく見て時間をかけろ！」

　2点目の「正確な指示を与える」ということに関しては，脳に正確な指示を与えなかった場合，脳はそれでも働きます。しかし，足りない情報を「自分で」補おうとするので，しばしば「説明のつかない」失敗を引き起こす原因になります。

　ですから可能な限り正確な表現をすることを心がけてください。

「フリーになれ！」 「できるだけ早く！」 「シュート！」 「仲間とコミュニケーションをとれ！」	と言う代わりに	「ここは（で）右方向にフリーになれ！」 「最大限の力を出せ！」 「ここでゴールの左半分に蹴り込め！」 「○○とコミュニケーションをとれ！」

WORKSHEET 8

◎ **ワークシート８：思考の記録Ⅰ**

● トレーニング中に考えていること

動作を開始する前に考えていること

動作の最中に考えていること

動作の後で考えていること

◎思考の分析・評価 I

助けとなる／課題に即した考え	気をそらす／課題とは関係のない考え

WORKSHEET 9

◎ **ワークシート9：思考の記録Ⅱ**

● 試合の時に考えていること

試合の前に考えていること

試合中に考えていること

試合後に考えていること

◎思考の分析・評価Ⅱ

助けとなる／課題に即した考え	気をそらす／課題とは関係のない考え

これを実践する時には，頭の中で考えることは課題に即したものになるようにしてください。それには次の言葉を覚えるとよいでしょう。すなわち「スポーツとは動きの課題を技術的に解決すること」なのです。

　これを踏まえると試合に関しては次のことが言えます。

> ○最終的な結果について無駄に頭を使わない。
> ○動作を起こす前に戦術的な判断を下す。
> ○試合結果が招きかねない事態について考えない。
> ○動く感覚だけを楽しむ。

　自分の思考の記録を見れば，そのように考えることがそれほど簡単ではないということがわかるでしょう。問題なのは，人が「〜（し）ない」と考えずにはいられないということです。私たちは絶えず考えています。頭の中で考えていることをスポーツに生かしたいと思うのであれば，「○○について考えないようにしよう」とするのではなく，その時の課題に即したことを，正確に，かつポジティブに考えることを学ぶ必要があります。

　そして，一度下した決定を覆してはいけません。ゴルフの例がそのことをはっきり示しています。

　このことは特にフォワードの選手にあてはまります。シュート練習ではフォワードは最初に決めたことを実行することに集中し，決定後は決して惑わされないことが重要です。

　最後の最後にあなたの潜在意識が，それがポジティブに意図したものであれ，あなたの邪魔をしないように注意してください。初めにやろうと思ったことを最後まで貫いてください。そのことを支持して，そこに照準を合わせて努力してください。

　その典型的な一つの例です。あなたは安全を考えフラッグではなく，グリーンの左半分にねらいを定めることにしました。これを打つ時に次のような声に惑わされないでください。「やっぱりもう少しフラッグの近くをねらったほうがいいかな？」。この声に従うということは，それまでのスイングに関する明確なイメージを疑うことを意味するので，ショットが失敗する恐れがあります。　　　　　　（ヒュパー）

Hüpper,G.(1994).*Handbuch des Golfspiels*.Schindellegi:Heel,(257)

●───思考をストップ

　それでは，ここから余計な考えをシャットアウトする練習を始めましょう。この練習では，そこで要求されていることと関係のないこと，あるいはネガティブまたは正確性に欠ける考えが沸き上がってくるたびに「ストップ」と言ってください（自分の心の中で，必要があれば声を出して）。そう言った後でまた注意を目の前の課題に向け，問題となっている動きの解決法を探るか，ポジティブな形の正確で助けとなる考えとともに，その動きを技術的に完璧な形で実行することに集中します。

　このやり方が習慣となるようにしてください。これができるようになるには筆者の経験からも少し時間がかかると言えます。一番よいのは，これから6週間，トレーニングや試合が終わるたびに「余計な考えはストップできたかな？」と自問することです。

　それから，暗記した言葉を，トレーニングや試合の時に使えるようにならなければなりません。絶えず同じ言葉を繰り返す自分が，初めはおかしく思えたり，奇妙に思えたりするかもしれませんが，まさにそれが，脳が反応する言語なのです。こうして成功へ向けて自分をプログラミングしていきます。

　もう一度P.77のハネス・リンデマンの書いていることを読んでください。言葉を自分の頭に叩き込むことができれば，自分の未知の力を引き出すことも可能になります。これが最高のメンタルトレーニングです。このことはいくら強調してもし過ぎることはありません。

　期間としては12週間をお勧めします。1日に数回，1～2分間心の中で，強い確信を持って言葉を唱え，1日に1回寝る前にはもう少し長い時間（4～5分）唱えるようにしてください（落ち着いて，睡眠の助けとして）。それとは別に必要があれば，トレーニングや試合でもやってください。12週間の練習期間を経れば，試合中の重要な精神的助けとして言葉が使えるようになっています。

　練習期間中はビデオとの対面の方法をもう一度やってみるのもよいでしょう。トレーニングや試合中に自分の様子を撮影し，それが終わった直後にビデオを自分で見て内なる対話を記録します。この時自分は何を考えて

表◎集中力を課題に向けさせる言葉

課題	何に集中すべきか	言葉
集中力を高める	・考えていることと動きを一致させる ・集中を解いてから再び集中	「ここだ，今だ！」 「注意しろ！」 「気にするな，そのまま続けろ！」 「試合に戻れ！」
技術的な欠陥を埋める	・動きの感覚を身につける ・細かい部分を修正する（ここで特に大事なことは正確であること）	「うまくいっている！」 「ワールドクラス！」 「緊張を保て！」 「シュートは右下だ！」
奮い立たせる／ラストスパート	・残っている力を振り絞る	「すべてを出し尽くせ！」 「ラストスパートだ！」
ストレスのある状態での精神力の強さ	・活性化の度合いを抑える	「落ち着け！」 「リラックスした状態でいろ！」
自信	・自分の能力を強調する	「自分はすごいんだ！」 「私は速い！」
根性	・がんばり抜く	「ついていけ！」 「耐えろ！」
ウォーミングアップ	・最適な緊張状態を作り出す	「準備はできている！」 「戦ってやる！」
試合中の変更	・練習で身につけた技術を適用する（ここで特に大事なことは正確であること）	「トレーニングの時のように！」 「流れるように！」
ミスにもメゲない	・その後も試合を続ける	「続けろ！」 「今度はもっとうまくやる！」

いたのだろう？　あの厳しい場面では？　こうして個々の状況ごとに練習した言葉を使っているかどうかを確認することができます。

　もしもあなたのコーチが，メンタルトレーニングにも協力してくれる人であれば，トレーニングの最中の予期せぬ時に「今何考えていた？」と訊いてくれるようにお願いするのもよいでしょう。この形でもあなたのメン

タルトレーニングが効果を発揮しているかを確認することができます。

　すでに述べた通り，自分自身の言葉を使うこともできます。ただし，自分の言葉をどのような形にすればよいかは，例を参考にしてください。すなわち，現在形で，否定の表現（〜ない）を使わずに，短くかつ簡潔にすることを心がけ，技術的に細かいことに関しては正確さに注意してください。

　自分の思っていることを特に積極的に考えていない時こそ最高のパフォーマンスを発揮できるというトップアスリートたちの報告もあります。つまり，メンタルトレーニングが効果を発揮し始めるのは言葉が自動的に働けるくらいに潜在意識に深く根づいた時です。

Chapter 3
第3章
頭の中の技術トレーニング

> メンタルトレーナーが質問をします。「メンタルトレーニングをしたことのある人？」
> 〈沈黙〉
> メンタルトレーナー：「わかりました。違う訊き方をしましょう。試合の前の晩に何でもいいから試合のことを考える人？」
> 〈全員が手を挙げる〉
> メンタルトレーナー：「なるほどね。この自分で考えるということがすでにメンタルトレーニングです。ただ，とてもいい加減な形で行っているわけです。だから誰もがメンタルトレーニングを学ばなければなりません。私たちは皆メンタルトレーニングをしているわけで，それを止めることはできません。でもむろん誤った方法でトレーニングしたいわけではありません。自分が考えることが自分のパフォーマンスを妨げるのではなく高めてくれるようにするためには，メンタルトレーニングの原則を身につける必要があります。」

●―――予備的トレーニング

このコーチの言葉による効果的な導入を経て，早速予備練習から始めましょう。個々の練習は積み上げていく性質のものなので，1つの練習の目標をある程度達成してから，次の練習に移るようにしてください。

DRILLE　カーペンター効果

1. 壁から10cm離れたところに壁を背にして立つ。
2. 目を閉じて自分が後ろに倒れることを強くイメージする。あなたは壁のすぐ前に立っているので何も起きる心配はなく，倒れる時の様子を「ただ」想像してみる。
3. 20秒ほど経ったところで次の指示。
「できる限り強く自分が後ろに倒れることを想像してください。ふかふかの羽毛布団の敷かれたベッドに倒れる様子を想像してください。」
4. さらに20～30秒同じことを試みてやめる。

本当に壁に倒れるかどうかはここでは問題ではありません。ここでの目標は身体の揺れを引き起こすことでした。つまり，後ろに倒れるというイメージによって身体のバランスを崩すことです。この効果はカーペンター効果と呼ばれています。すなわちある動作を想像するだけで，その動作と関連する筋肉がわずかな反応を引き起こすのです。

コーチがベンチで蹴るフリをしてフォワードの選手のシュートを真似するのは，まさしくカーペンター効果の実例と言えます。

カーペンター効果は次の振り子練習ではもっとはっきりするはずです。そこで，あなたの想像力だけで筋肉が働き，振り子を希望する方向に動かしたことが確認できます。

振り子練習はメンタルトレーニングの予備的な練習と言えます。魔術や秘儀とは関係ありません。

DRILLE 振り子練習

1. まん中に穴の開いているボタンやコインに長さ20cmほどの紐を結びつける。
2. 肘を机に立て，親指と人差し指で紐を持って振り子が垂れ下がっている状態にする。初めは振り子が図の中心を指すようにする。
3. 今度は振り子が前後に揺れる想像だけで振り子を動かしてみる。実際に振るのではなく強く想像するだけである。
4. ここで振り子を止め，今度は右から左へ揺れるようにする。
5. 次に時計回りの回転を想像して振り子を回転させる。そして今度は目を閉じて振り子が反時計回りに動く様子を想像する。一所懸命集中して想像する。
6. （振り子が想像した通りに回転するようになったら）目を開ける。

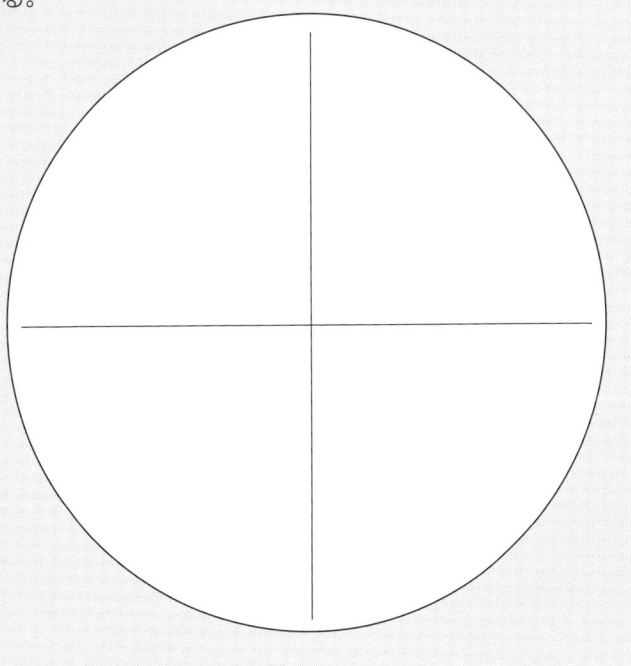

DRILLE 写真

1. 1人の選手をペナルティースポットに立たせる（目は閉じている）。そして4～5人の選手をハーフコートの中に配置する。
2. ペナルティースポットに立っている選手は，一瞬だけ目を開きまた閉じる。目を閉じた状態で，先ほど見たことをどこまで覚えているか，些細なことまで報告する。色彩や誰がボールを持っていたかなどである。

（コーチの言葉）

「ここでの君の課題は，状況を瞬時のうちに把握することです。それでは目を閉じてください。協力してくれる選手は私の指示したポジションにつきます。ゆっくりと呼吸してください。そして自分の目がカメラのレンズになったと強く想像してください。私の指示で1秒間だけ目を開け，フィールドの様子を見てください。それからすぐにまた目を閉じてください。君はいわばフィールドの状況を写真に『撮る』わけです。それから目を閉じた状態で君の頭の中で見えていることを説明してください。選手たちはどのポジションにいますか，ボールを持っている人は？ 選手たちはどの方向に向いていますか。そこで間違えても気にしないでください。その後もう1枚同じ状況の『写真』を撮って頭の中のイメージをもっと正確にします。わかりましたか。」「わかったら，今から1秒間目を開けてまた閉じてください。それでは，フィールドに背を向けて頭の中で見えることを私に説明してください。」

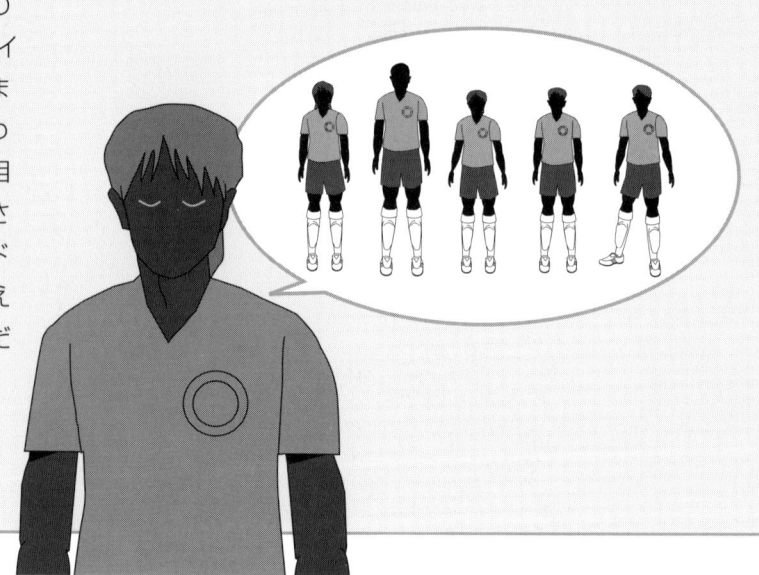

コーチへのアドバイス

- できるだけ細かいことまで訊く。
- 色について訊く。
- 状況を変える。
- 状況を簡略化する：ペナルティーエリアだけ，あるいはゴールだけを見させるようにする。
- 頭に浮かんでいることをできるだけ早く再生させる。
- この練習はとりわけ中盤の選手（広い視野）とゴールキーパー（状況を把握する能力）にとって大切である。

■ 第3章　頭の中の技術トレーニング ■

　次の練習も心の目を養う練習です。ペナルティーキックを使った例で説明します。

> **DRILLE** 目隠し
>
> （コーチの言葉）
> 　「次の練習では目隠しをします。このハンディキャップに慣れてください。」
> 　「ここでの課題も君の想像力を鍛えることです。ボールがここにあります。ボールの感触を細かいところまで確かめてください。ボールを頭の中で思い浮かべることができますか。それでは君にこれからペナルティースポットに立ってもらいます。君はゴールに向いています。君に課せられた課題は，ボールをセットし，短い助走でペナルティーキックをすることです。チャンスは10回ありますから，まずはリラックスしてやってみましょう。」
> 　「新しいボールを渡します。大事なことは君が見えているフリをすることです。今何が見えていますか。」
> 　こうして目を閉じた状態でペナルティーキックを10本蹴る。コーチは2本ごとに選手にフィードバックする。「もっと右だ」「ゴールの上に蹴ってしまったよ」…

DRILLE 歩き方チェック

（コーチの言葉）
「さあ，それではもう少しサッカーと関係のある練習をしましょう。私がマークした距離を普通の速度で歩いてください。ちょうど10mです。君の歩いている時間を計ります。」
　コーチは，選手が区間を歩き切るのに要した時間を計り，メモしておく。
「それでは，もう一度同じ区間を歩いてください。チェックのためもう一度時間を計っておきます。」
　同じスタート地点。改めて時間を計りメモする。
「確認のために最後にもう一度同じ区間を歩いてください。できるだけ先ほどと同じスピードで。」
　表にこれらの3つのタイムを記入する。

10m歩くのに要する（実際の）時間：

平均：

用意するもの：ストップウォッチ，メモ用紙，ペン　準備：10mの距離を測っておく。

「では，またスタート地点に立って目を閉じてください。今度は区間を歩いている想像だけしてください。時間を計るので，頭の中で歩き始める時に私に言ってください。そしてタイムをストップできるように，到着したら合図をしてください。」
　短い休憩の後，同じことを二度繰り返し先ほどと同じように3つのタイムが得られるようにする。

10m（頭の中で）歩くのに要した時間：

平均：

両方の時間が近ければ近いほど，想像する力が身についていると言えます。実際に歩く時と想像の中で歩く時の時間を比較するこの方法は，自分自身をコントロールするために次で扱うトレーニングにも利用することができます。水泳選手もやはり頭の中でイメージする時間を計っています。そして，途中でターンをする時の時間も実際に泳ぐ時と10分の1秒の差しかないほどよくトレーニングされているのです。

●───頭の中での技術トレーニング

ここまでの予備的なトレーニングをした後で，今度は本来の頭の中での技術トレーニングに入ることにしましょう。まずはペナルティーキックを使います。

選手が理論としての特殊技術を完璧にできることが絶対条件となります。ですから（まだ初心者の段階では特に）このトレーニングのための「台本」を作る時に技術コーチがそばにいることが大切です。

> **DRILLE　メンタル映画の台本づくり**
>
> 1. 後できちんと説明できるようにするためにも，選手はこのトレーニングで用いる技術を何度か実際にやってみる。
> 2. 選手はもう一度同じことをやってみる。そしてその様子をビデオテープに録画する。
> 3. スポーツ選手，技術コーチ，そしてメンタルコーチは一緒にスローモーションでビデオを見て，個々の動作をメモしていく。説明を行う際の視点はテレビ画面に映っている通りの視点ではなく，選手の視点とする。つまり実際に選手が動作をしている時に見る，あるいは感じる視点からである（ビデオは補助に過ぎない）。

さあ，この時点で技術は言語化され，メンタル映画の台本として文書化された形で準備されました。わかりやすくするために例を紹介することにします。

●メンタル映画の台本の例

『右利き用のペナルティーキック』

　ボールを両手で持って空気穴が上を向くようにしてペナルティースポットに置く。この時息を吐く。息を吸いながら4歩下がり広い視野でゴールを見る（[外―広い]）。足の力は抜いて―左足を軽く前に出す。それからボールを蹴り込みたいゴールの隅に集中する。集中するポイントをゴールのサイドネットにもっていく。息を吐く。集中したまま目をボールの空気穴に向ける。審判が笛を吹くまでゆっくりと息を吸って吐くことを繰り返す。審判の笛が鳴ったら息を吐く―息を吸う―体重を右足のかかと，すなわち右後ろに移動させる。右足のかかとから靴の裏，そしてつま先へと体重を前へ移動させていく。助走―左足をボールの横に置き―左足の足首の外側に緊張が生じる。体重は左の外側へ。右足を引いて蹴る体勢に入り―軽く緊張させた状態で足を前へ振る。蹴る力の70％程度でボールの右下をミートする（左隅へ蹴る場合）。足の甲に半分くらい力を入れた状態で―シュート―右足を振り抜き，息を吐き，ボールがネットに収まる音を聞く。

『右利き用のコーナーキック』

　空気穴を上にしてボールをコーナーキックのポイントに置き―息を吐く，息を吸いながら3歩戻り―息を吐く。二度静かに息を吸ったり，吐いたりしながらゴールエリアのほうを見る。自チームの選手をペナルティーエリア内で確認したら，再びボールの空気穴に集中し，一度ゆっくり息を吐いて吸い込む。足の力を抜いた状態で立ち―左足は軽く前に出す―次に息を吸う時に助走を始める。左足をボール横に置き，左足首の外側が緊張，体重は左外側に，左手が前に振られ，右手は後ろに引かれる。

　これと同時に右足で蹴る体勢に入り―緊張させた状態で（お尻の筋肉から伸びたつま先まで）前へ蹴り出し―蹴る力の80％の力でボールの右下を蹴る。足の甲は半分くらい力を入れた状態で―キック―ボールはカーブを描きながらペナルティースポットの方向へ飛んでいく。右足を最後まで振り抜き，息を吐く。

第3章　頭の中の技術トレーニング

　次の４週間の第一の目標はメンタルトレーニングを実践することではなく，引き続き頭の中で見る（イメージする）ことを上達させることにあります。

　これには２つの理由があります。

1．もっと向上させる力をつける。
2．まだ細かい技術的なことに関して不明確な部分があった場合，それをこの練習で洗い出すことができ，台本に書き加えることができる。

DRILLE　視点を移す

1. でき上がった台本をコーチに何度か読んでもらう（もっとよいのは，それをカセットに録音して選手が寝る前にも聞けるようにすること）。
2. 選手は目を閉じながら遊覧飛行をしている時のように視点をいろいろなところに移す。つまりメンタル映画の再生の第１段階では視点を固定してメンタルトレーニングを行うのではなく，できるだけさまざまな視点を使って練習する。

予備練習の時期および練習に慣れる時期を過ぎたら，システマティックなメンタルトレーニングを始めます。これからは常に同じメンタル映画が頭の中で再生されます。この時の視点は，選手が実際にその動作をする時と同じです。メンタルトレーニングをする際の身体の姿勢もできるだけ実際の動作の時と同じになるようにします。つまり，トレーニングは常に立って行います。

DRILLE メンタル映画の再生

1. 頭の中でメンタル映画を再生する。
   [望ましい量]
   - メンタル映画の長さ：動作にもよるが，数秒から30秒の間
   - 繰り返す頻度：メンタル映画は連続して3〜5回再生する。
2. 2分ほど休憩をし，最後にもう一度連続して3〜5回メンタル映画を再生する。

ドリル「チェック方法」(P.98) によって効果を確認します。

つまり，メンタルトレーニングにおいて1つのトレーニングをする時には9～15回練習を繰り返すことになります（メンタル映画の時間が短いほど繰り返す回数も増えます）。1つの練習にかかる全体の時間はおよそ10分です。1日1～3つのトレーニングを行うのが効果的です。

動作をただ想像するだけでは十分とは言えません。脳に「実演」させてみる必要があります。実際にスローインをしていることを脳にわからせる必要があります。すなわちメンタル映画では五感を働かせる必要があります。

○何が見えるか。色は？　詳細は？
○何が聞こえるか。
○どんな匂いがするか。体臭，汗
○どんな感触か。ボール
○そしてそれ以外に：身体の緊張状態／空間の中での身体の姿勢

きちんとメンタルトレーニングに取り組めば，実際のトレーニングと同じくらい疲れることも十分に考えられます。そして，たとえ頭の中でのイメージトレーニングが初めからうまくいかなくてもがっかりしないでください。メンタルトレーニングもまずは習得し身につける必要があるのです。たいてい6週間から数ヵ月はかかります。あなたが今の技術レベルに達するまでに何年もかかっているのと同じです。

どうしてここまで幅の広いトレーニングに取り組む必要があるのでしょうか。

DRILLE チェック方法

1. その動作を実践するのにかかる実際の時間を計る。一番よいのは何度か測定して平均を出すことである。
2. 頭の中でその動作を一通りやり通すのにかかる時間を計って比較をする。頭の中で想像することは実際にやろうとすることと同じなので，その時間はぴったりと一致するはずである。

●比較：実際／頭の中

実際の動作に要する時間：　　　秒

頭の中で動作をイメージした時の時間：　　　秒

---

3. 頭の中で動作をイメージした時の時間を5回計る。頭の中では常に同じメンタル映画が再生されているので，時間はすべて同じであるはずである。

●比較：5回分のタイム

1回目：　　　秒　　　2回目：　　　秒　　　3回目：　　　秒

4回目：　　　秒　　　5回目：　　　秒

■ 第3章　頭の中の技術トレーニング ■

メンタルトレーニングを行う理由

○一番の理由はあなたも知っている。私たちは皆絶えず考えているから自然とメンタルトレーニングを行っているのである。そして考えることを止めることもできない。だから，自分たちが考えることをどのようにしてパフォーマンスの向上に生かすことができるかということを学ぶ必要がある。これには頭の中での技術トレーニングとともにこの後紹介する成功したイメージのビジュアル化が役に立つ。

○メンタルトレーニングの際には（練習する）動作の流れを（それがどんな小さな運動であろうとも）完璧に把握しておかなくてはならない。もしかしたら技術を意識すること自体があなたにとってすでに一つの学習の成果と言えるかもしれない。

○メンタルトレーニングはいつでもどこででも実施できる。つまり，トレーニングに場所や時間は選ばない。砂浜でもいいし，朝寝起き直後，シャワー中，昼休みの時間など，トレーニングはいつでもできる。

○けがをしていて通常のトレーニングに参加できない場合は，頭の中でトレーニングしよう。トレーニングは休まざるを得ないが，技術レベルが落ちることはない。あなたの脳にとって頭の中での積極的技術トレーニングと実際のトレーニングとの間には差はないからである。

○頭の中での技術トレーニングの際には必ず完璧にうまくいった場面を想像してみよう。「自分でした予言は的中する」という原則に従って，試合での実践の前に，頭の中で完璧にいった場面を再生することができる。そうすることでその後の動作がうまくいく確率が高まる。

○頭の中で技術トレーニングをしていれば，負けたらどうなるだろうかという余計な心配をすることもなく気持ちを落ち着かせ，集中を高めることができる。

○頭の中での技術トレーニングは動作を刷り込ませる。そのおかげで試合でその動作をよりうまく再生できるようになる。

○研究の場においても頭の中での技術トレーニングの効果が証明されている。メンタルトレーニングをしていないスポーツ選手は，実際のトレーニングとメンタルトレーニングの両方をやっている選手に比べて上達が遅いということである。（**フェルツ／ランダース**参照）

Feltz,D.L.&Landers,D.M.(1983).The effects of mental practice on motor skill learning and performance:A meta-analysis.*Journal of Sport Psychology*,5,(25-57)

サッカーにおいて頭の中で技術トレーニングができる場面

・ペナルティーキック
・コーナーキック
・キックオフ
・ゴールキーパーのドロップキック

どのような状況が頭の中での技術トレーニングに適しているのでしょうか。

答：頭の中で想像する通りに試合でも実践される動きのみ

攻撃を頭の中で想像することは確かにビジュアル化の能力を鍛えることになるでしょう。特に特定の戦術や試合の中での展開を学ぶ際には適していると言えるかもしれません。しかし，技術がそれによって向上することはありません。むしろ能力が衰えるかもしれません。なぜなら刷り込まれた一連の動きの流れは柔軟性を欠き，相手が邪魔をしてきた時に柔軟に対応することができないからです。

●────成功のビジュアル化

大成功を収めた人々（スポーツ選手のみならず芸術家，企業家，エンターテイナー，音楽家）の話に共通していることは，彼らが心の中ですでに，その先に訪れるであろう成功のイメージを持っていたということです。彼らは完璧なパフォーマンスを発揮し，人々に認めてもらうという考えを強く抱いていました。

○ドイツの有名なテレビタレント，ハラルド・シュミットはあるインタビューの中で，その昔，目がくらむようなスポットライトを浴びて拍手喝さいを受ける自分の姿を思い描いていたことを語っている。
○アーノルド・シュワルツェネッガーは，自分の二頭筋が山のようになることを想像したそうだ。
○ダンカン・グッドヒューは11歳の時に自分がある日オリンピックで優勝することを想像していたと言う。彼は1980年には100ｍ背泳ぎで金メダルを獲得した。
○ヴァネッサ・マエはコンサートの後でファンにこう声をかけられた。「あなたのように上手にバイオリンが弾けるようになるのであれば，私は自分の人生をそれにかけます」。それに対して彼女は「私はそのために人生を捧げてきました」と答えたそうである。

成功する姿を想像する際に大事なことは，頭の中であなたのキャリアの最終目標のイメージを作り上げることです。その目標が非現実的でもいっこうに構いません。なぜならあなたに最終的にどのような可能性があるかなど，誰にもわからないのですから。目標についてより正確に，より集中して，より頻繁に考えれば考えるほど，頭の中の「ビジョン」があなたの行動に影響を与えることになるでしょう。その結果，あなたは自分の目標の達成の近道になるような，より多くのことを「自動的に」するようになるでしょう。

私の成功のイメージ

....
....
....
....
....
....
....
....
....
....
....
....
....
....

成功をビジュアル化する際の原則は，頭の中での技術トレーニングの場合と同じです。すなわち初めに映画のための台本のようなものを書きます。この時選手の目線に立つことが大切です。つまり，実際の動きの流れの中で目にすることを頭の中で思い描けるようにするのです。そこで注意することは，できるだけその状況に入り込むことです。脳に実際のような体験をさせるのがねらいです。しかしこれは，五感すべてを働かせ，できるだけ細かいところまで気を配って初めてうまくいくことです。そして同様に大事なのは，常に同じ映画を見るようにすることです（反復／学習／補強効果）。

> ●**試合直前のディフェンダーの成功のビジュアル化の例**
>
> 「これは大事な試合である ─ 観客は熱狂している ─ まもなく試合終了という場面で今のスコアは１：１である ─ 相手チームのフォワードに最高のパスが通る ─ 彼は私たちのゴールめがけて突進してくる ─ 完全にフリーである ─ 彼のところに間に合うのは自分だけだ─彼がフェイントをかける ─ 自分は彼の動きを見抜く ─ ２人の競り合い ─ 私が１対１に勝つ ─ ファンは熱狂して自分を称えてくれる ─ コーチも私に拍手を贈っている ─ 私は前線にパスを出し，味方のフォワードがゴールするのを見る ─ スタジアムのアナウンサーが私の名前をアナウンスする ─ 最高の気分だ！」

　　○**注意！**　成功のビジュアル化と頭の中での技術トレーニングとは，まったく異なる戦略である。

表◎頭の中での技術トレーニングと成功のビジュアル化の比較

頭の中での技術トレーニング	成功のビジュアル化
・できるだけ実際に近い形で	・できるだけ実際とはかけ離れた「理想のイメージ」
・冷静かつ正確に	・感情的かつ大げさに
・一連の動作の流れの刷り込みが目的	・モチベーションを高めるのが目的
・試合直前にやっても構わない	・試合直前にはやってはいけない

第3章 頭の中の技術トレーニング

指導上のアドバイス

○メンタルトレーニングを教えるのに最も適しているのは1対1の場面である。若い選手の場合は技術コーチと一緒にやるのがよいであろう。

○メンタルトレーニングが本当に効果を発揮するためには，選手の技術レベルが高いレベルに達している必要がある。したがって，初心者の場合メンタルトレーニングは，例外的にしか有効でない。

○メンタルトレーニングは大人でも子どもでも行うことができる。その際に大事なことは集中してイメージした時だけ望み通りの効果が得られるということである。初めのうちは，「内なる目」がよく見えるようになるまでたくさんの時間を割くようにする。

○メンタルトレーニングの質は定期的にタイムを計ることでチェックする。

○成功をビジュアル化する練習でも，やはり頭の中での技術トレーニングの時と同様に文書化された「台本」を作るようにする。

○メンタルトレーニングをシステマティックに行うと，疲れが現れるのが早くなる。45分間のトレーニングをする際にはできるだけ変化をつけ，休憩を多く入れるようにする。一番よいのは，メンタルトレーニングを通常のトレーニングに組み込むことである（動きを実践する前に頭の中で流れをイメージ）。

○メンタル映画用の台本を作るのには何時間もかかるものである。またトレーニングで台本を何週間か使用した後，再度更新，あるいは補足するようにする。

○台本を作成する際に一番の助けとなるのがビデオカメラである。まず，動きを実際に行っている選手を撮影し，その後で選手および技術コーチとともにビデオをスローモーションで見る。それから，動きの個々の部分についてその選手の視点から語ってもらう。

○コーチから台本への指示はしないようにする。選手が自分の言葉で作っていくことが大切である。

○常にポジティブな表現を用いて（つまり「腰が折れないようにしよう」ではなくて「腹筋に力を入れよう」という言い方にする）現実的な表現をする。

○頭の中での技術トレーニングは実際の動きと同じ身体の体勢，すなわち立ったまま行う。

○初めはリラックスした状態でいられる，静かで邪魔のない環境でトレーニングする。その後徐々に実際の状況に近づけていく（グラウンドで，身体に負荷がかかる状態で，試合の中で，など）。

○大切なこと：頭の中での技術トレーニングに適している場面はごく限られている。

監訳者注

「メンタル映画の再生」には，「描写」と「絵の分析」の知識とスキルが役立つでしょう。目前の状況を把握する時，把握した情景を言葉で描く時，なぜそう考えたのかを自分の中で明確にする時，対象をどのように切り取るのか，そしてそれをどのように配置するのかを事前知識として持っていることは重要です。

むろん，コーチの側が選手から情景を引き出す際にも，順不同に選手の内側にある情景を聞き出すのではなく，ルールに従って引き出します。そうすることにより，選手の中にある情景が，より整理された形で提示されるようになります。そして，「整理された形で提示」できるということは，それだけ選手自身がその情景を具体的に理解しているということを意味します。また，描写と絵の分析の知識とスキルを持っているだけで，目前の対象の見え方はまったく異なります。目の前の情景を取り込む時点で，整理しながら情報を取り込む力が無意識に働くからです。

《描写》

描写の目的は，ある対象をそれが見えるままに，できる限り客観的かつ具体的に言葉で表現することです。ある対象を，それを見ていない相手に言葉で伝達しようとする場合には，自分の思いついたことから適当に言葉にしても相手には伝わりません。言葉で伝えるためにはルールを知る必要があるのです。描写は説明の下位概念，つまり説明の一項目に位置づけられます。したがって，描写のルールはそのまま説明のルールにも適用できます。

次の絵はフランス国旗です。この国旗の「絵（様子）」を，国旗という物が何であるかは知っているけれど，フランス国旗の姿（様子）は知らない，という相手に，相手が頭の中にフランス国旗を描けるように伝えるためにはどうすればいいでしょうか。

説明や描写をするためには，次のようなルールがあります

[大原則]
　概要から詳細へ，全体から部分へ，大きい情報から小さい情報へ

[小原則]
　右から左（左から右）へ，上から下（下から上）へ，外から中（中から外）へ，手前から奥（奥から手前）へ

上のルールに従うと，フランス国旗については言葉では次のように描写することになります。

　フランス共和国の国旗は次のような物である。全体の形は，横長の長方形である。長方形は，縦2，横3の比率で構成されている。模様は縦縞で，縞の数は3本，幅は均等である。色は3色で，左から順に青，白，赤である。以上がフランス共和国の国旗である。

フランスの国旗の場合，まず，「横長の長方形」という全体の形を提示し，その後，その形に比率を与えることによって，長方形の修正をします。次に，模様の情報を提示します。これは，フランス国旗の場合，

■ 第3章 頭の中の技術トレーニング ■

模様の提示が先になされないと色をはめ込むことができないからです。模様については，まず大まかに「縦縞」という，「柄」の提示をしてからその柄についての細かい情報を提示します。色についても同様に，まず大まかに「3色」という，色の数を提示してから，具体的に色についての情報を提示します。全体の形については，「大原則」が適用されます。模様と色については，模様と色の中における全体の情報を提示（縦縞・3色）し，その後に「小原則」のルールに従います。

説明と描写のルールを理解したら，目の前の情景を言葉で表現する際にも同じルールを適用します。絵の描写に挑戦してみましょう。

＊この絵についても，「大原則」と「小原則」に則って絵を描写します。

主題文・題目文など	この絵には春のある晴れた日の山の風景が描かれている。中央には，これから山に登ろうとする一人の青年が描かれている。
支持文	絵は概ね横に3つの部分に分けることができる。絵の下半分には一面に咲き乱れる花が描かれている。絵の上半分は再びほぼ半分に分けることができ，その下半分に描かれているのはうっそうと生い茂った木々である。残りの部分には高くそびえる山々と青く広がる空とが描かれている。 　絵の手前中央には，正面に背を向けた青年が描かれている。青年は大きなリュックサックを背負い，身体をやや左前方に傾け，山に向かって続いている山道を登っていこうとしている。青年の左前方，木々の合間にはやはり山に登って行こうとしている登山者が二人描かれている。
結論・まとめ	以上がこの絵に描かれた内容である。

監訳者注

《絵の分析》(Visual Literacy)

「絵の分析」の目的は「描写」とは異なり，映像として表現されている対象にどのような意味があるのか，分析的に考察することです。ある物がそのように表現されているのはなぜか，どのような意図があるのか，しっかりと観察したうえで，その背後にある意味を探り出します。

右のマークは「横断禁止」を表す警戒標識です。これをよく観察したうえで，分析してみましょう。

上の警戒標識には，「横断禁止」という文字が入っています。そのため，漢字が読めればこのマークが「横断禁止」の標識であることは理解できます。分析するまでもないでしょう。ではここで，漢字が読めないと仮定してみてください。その場合は，絵を分析する必要が出てきます。ここでは漢字が読めないと仮定して，絵を分析してみましょう。分析は次のような流れで行います。

全体の観察 → 部分の観察と分析 → 情報の統合

(1) 全体の観察
　道路の横断を禁止している絵のようだ。
(2) 部分の観察と分析
①「禁止」はどこから判断できるか？
　外枠の赤：赤は信号機の「赤」を連想させる。信号機の「赤」は，「危険」「渡ってはいけない」「やってはいけない」などを意味する。
　赤の斜線：「斜線」は，「だめ」「×」を連想させる。
②「外」であることはどこから判断できるか？
　人物が帽子を被っている。帽子は外で被る物
③「道路」はどこから判断できるか？
　左下から右上に向かって引かれた2本の平行の線
④人物が手前の線から向こう側の線に向かって「横断」しようとしていることはどこから判断できるか？
○人物の顔のあごの部分：左側のあごの部分がくびれているところから，人物が左方向を向いていると判断可能
○人物の腕の振りから，人物が左手方向に向かっていると判断可能
　・一方の手が左斜め上方にある向こう側の線に向かって振り上げられている。
　・もう一方の腕が右手側に向かって振られている。
○人物の足から，人物が左斜め上方にある向こう側の線に向かっていると判断可能
　・人物の両足のつま先が左斜め上方に引かれた線の方向に向けられている。
　・前方に出た人物の膝が左斜め上方に引かれた線の方向に向かって曲がっている。
　・後方の足のかかとが右斜め下に向かって上がっている。
(3) 情報の統合
　道路を渡ろうとしている人物の行為を禁止する標識であると判断可能

　目の前の状況については，自分では見ているつもりでも，意外に漠然としか捉えていないものです。「絵の分析」では，対象となる映像を観察するスキルと能力を鍛えることを通して，物を見る目と分析するスキルと能力を育てます。「絵の分析」能力が向上すると，瞬間的に見た映像を取り込む能力が向上し，見た瞬間にそのように見えるのはなぜなのかを無意識に判断しようと頭が働くようになります。的確な状況判断をするためにも「絵の分析」は有効なトレーニングと言えるでしょう。(参考：三森ゆりか著『絵本で育てる情報分析力』一声社，2002)

《視点を変える》

「視点」とは，ある対象を認識する立場，つまり「視座」のことです。人は，自分自身の五感を通して，自分自身の置かれた状態や状況からある対象を認識します。つまり，個人の自覚の有無にかかわらず，自分の視座で対象を見，感知し，認識し，思考するのです。次の絵は，グリム童話「赤ずきん」をコママンガにしたものです。「赤ずきん」をご存じない方は，事前に物語をお読みください。

　一般に，グリム童話「赤ずきん」は，作者の視座で語られています。つまり，作者の視点から見えること，感じられることが物語に綴られているのです。作者は，

物語における「神」のような存在です。つまり，物語の創造者ですから，作者の視点からは何もかもお見通しです。ところが，語り手の視点が変わったら，物語はどのように変化するでしょうか。それを考えるのが，この「視点を変える」トレーニングの目的です。

1．赤ずきんの視座

　赤ずきんの視座からは，見えることと見えないこと，わかることとわからないことがあります。赤ずきんの視座から見えないコマ，わからないコマはどれでしょうか？

　赤ずきんの視座からわからないのは，まず2コマ目の狼の心の中での呟きです。また，4コマ目の狼の悪巧みも赤ずきんには見えません。さらに，6コマ目と7コマ目については，赤ずきんはその場に居合わせませんから，わかりようもありません。11コマ目については，赤ずきんは狼のお腹の中にいるので，狼が眠っているかどうかについてはわからないかもしれません。

　というわけで，「赤ずきん」の物語を，2，4，6，7，11コマ目を抜いて，論理的に辻褄の合うように書き換えてみましょう。元々の物語とは相当に変わっ

2．狼の視座

　同じ物語を狼の視座で書くとなると，どのような物語になるでしょうか？　狼の視座では認知できないのは，1コマ目と眠っている11コマ目，さらにお腹を切り開かれている12コマ目です。

　このような具合で，おばあさんの視座では？　母親の視座では？　狩人の視座では？　というように考えてみます。視座が変わると，見えるもの，認識できるものが相当に異なることがよくわかるのではないでしょうか。

　この「視点を変える」のトレーニングを通して，次の点をしっかりと認識します。
①視座（視点）が異なると，見えるもの，わかるものが異なること
②視座（視点）の相違は，単に立ち位置の相違ばかりでなく，立場の相違をも含むこと

　「視点を変える」トレーニングは，コミュニケーションをとる時，議論をする時，人間関係のトラブルを解決する時，対戦相手の心理や動きを読む時，チームプレーの中でチーム内でアイコンタクトで心を通い合わせる時等，さまざまな場面で役に立ちます。

出典：つくば言語技術教育研究所編『イラスト版 ロジカル・コミュニケーション』合同出版 2002年

Chapter 4
第4章
試合に向けたメンタル面の準備

　試合や大会に向けて自分を最適な状態にもっていくためには，非常に複雑な過程を経なければなりません。この過程が複雑なものであることは十分に承知のうえで，ここではメンタル面の試合準備の基本原則を扱いたいと思います。せっかくここまで一つひとつトレーニングをやってきたとしても，もしもメンタル面の準備が不十分であったり，あるいは間違っていたりするために試合で活用できなかったとしたらあまりに残念です。

●──原則1：共通の目標

　シーズンの目標を持つのと同様に，一つひとつの試合にも目標を持つべきです。目標とは，「3―0で勝つ」という意味ではありません。試合が終わった時の結果はどうでもよいのです。むしろ共通の目標となり得るのは，例えば，「最後までチームとして働く」あるいは「前の試合よりも1対1で勝てる場面を増やす」あるいは「全員がすべての味方の選手を徹底的にサポートする」「最後まで闘う姿勢を貫く」といったものです。ご存じのように，たとえ負けてしまった試合にも，達成可能な目標はたくさんあります。こうしたことがサッカーでは大切なのです。すなわち，「試合に集中しベストを尽くせ」ということです。このような目標の立て方であれば，結果としても，その日にでき得る最善のものが自然と導き出されるでしょう。

●──原則2：試合ではトレーニングで身についていること以上のことを要求しない

　コーチ，観衆，所属クラブ，チームの他の選手があなたに求めることは，

トレーニングの中で身につけたことをそのまま試合の中で発揮する，ということに尽きます。それ以上でもそれ以下でもありません。このように考えれば自らに課せられた課題を主体的にコントロールできるようになりますし，試合における精神面にも良い影響を与えます。

したがって，遅くとも試合の5日前になったら，新たなトレーニングをしないでください。それまでトレーニングしてきたことだけをさらに鍛錬します。

●───原則3：試合直前はそれまで習った技術のことはすべて忘れる

身体の動きは私たちの脳に操られています。その際，動きが無意識に行われるようになるまでにはいくつかの段階があります。

```
第1段階  全体の中の各部分の動きを意識しながら行う
       ＝  滑らかな動きは見受けられない
第2段階  動きのパターンのようなものが形成されていく
       ＝  動きが滑らかになる。ただし，まだ完璧とはいかない
第3段階  意識せずに一連の動きができるようになる
       ＝  完璧な動き
```

次のような流れで行います。

まずは，技術の細かい部分に重点を置きながら集中的にビデオ分析を行います（集中し過ぎというくらい集中して行う）。例えば，1人の選手の動きが映っているビデオを使って技術コーチと一緒にビデオ分析をします。ビデオはできるだけ遅いスローモーションで再生します。またビデオをたびたびストップさせ，静止画像にします。選手たちは技術に関することで目についたことをすべて報告し，書き留めるようにします。注意して見るべき点は，腕や脚の位置，頭の位置，身体のバランス，体重の分散の仕方，目線，身体の緊張，足の位置・格好，手の格好，上半身の姿勢，動作のスピード，動作の加速，動作の方向性，動作の切り替えのポイント，等々。これらをすべてできるだけ正確に説明できるようにします。

これをもう少しわかりやすくするために，次のような言い方をしてもよいでしょう。「君が君の技術について本を書きなさいと言われたとします。初心者でもどのように動けば追体験できるのかわかるようにするには，どのように書けばいいかな？」あるいはまた「最も的確に技術の説明ができた人にはノーベル賞が与えられると思って，できるだけ正確な説明をしてごらん」と言うこともできます。

これはスポーツ心理学的方法（技術トレーニングではない）と言えますが，技術に関する細かい部分を司る大脳皮質を活性化させるのです。技術に関わる神経細胞を，試合直前にもう一度活性化させるのです。つまり，試合が始まる間際に，焦点を大脳から，部分的な動きを統合する働きを持つ小脳へと移す，ということです。これが運動を完璧な形で実行する近道です。神経生理学者でノーベル賞受賞者のエクルスが，次のように書いています。

Eccles,J.C.(2000). *Das Gehirn des Menschen*,(161) Weyarm: Seehamer.

「まとめとして言えることは，私たちの最も複雑な筋肉の動きが，通常は無意識に，かつ申し分のない巧みさで行われているということです。ゴルフボールを打つ時に，意識せずにできればできるほど，良いショットが生まれます。」(**エクルス**)

これを教える際には，まずは先ほど紹介した集中的なビデオ分析を行い，その後試合の直前に選手に次のことを言うようにします。「さあ，それではみんなで話し合ったことをすべて忘れよう！ 技術に関して知っていることすべてを忘れ，みんなの目標だけに集中しよう！ 正しいキックができるかどうかは自分の潜在意識に任せよう。人間の脳というのは実にうまくできていて，自分の『頭』を信じて試合を楽しむことだけを考えれば，『頭』がすべてを正しくコントロールするだろう。そうすれば勝ったも同然だ。」

成功を左右するポイントは，試合から集中をそらすことなく選手たちのモチベーションを高めることです。

一つの例は格闘技です。当然のことながら試合では，マット上で自分がどんなにすばらしい動きができるかをただ喜んでいるわけにはいきません。相手に勝つには，攻撃の起点を見つけ出さなければなりませんが，これには高い集中力が要求されます。しかし，この時の集中力は，技術的に動き

をどう行うかではなく，動きの目的に向けられます。例えばショットを打つポイントです。ひょっとしたらモータースポーツを例にとったほうがよいかもしれません。自動車学校では車の運転の細かいところまでを習いますが，自動車レースで良いタイムをたたき出すには，ドライバーは車をどのように運転すればよいかを考えていたのでは時間がかかってしまいます。ドライバーに求められることは，意識を「シャットアウト」し，レースを楽しむことだけです。しかし，この時も集中を失わないようにしなければなりません。なぜなら，レースではどこをめざして運転するかが最も重要なことだからです。そしてそれには集中力が必要なのです。

これをサッカーにあてはめると次のことが言えます。すなわち選手は身体のすべての部分の集中を高めて試合に臨まなければなりません。ただし，パスを出したりパスを受けたりするにはどうしたらよいかを考えてはいけません。そうではなくてあらゆる動きが意識せずに行えるようにしなければなりません。

●―― 原則4：どの試合も次のトレーニングのフィードバックとみなす

一つの試合はシーズン全体を考えればわずかな時間に過ぎません。場合によっては非常に大きな意味を持つ試合もあるでしょう。しかし，人生は試合の後も続いていきます。能力を長期的なスパンで伸ばしていくことを考えた場合に，試合を通してそれまでの練習がどれだけ効果的であったかというフィードバックを受けることができます。つまり試合はトレーニングの成果を知るためのものに過ぎないのです。

したがって悪い試合結果というのは存在しないと言えます。なぜならミスが積み重なれば，その分だけその先のトレーニングのヒントが得られるからです。試合を集中的なトレーニングとみなすこと，あるいは長期的に能力を伸ばしていこうとする際の柱と考えることは，プロスポーツの世界で実践するのは難しいでしょう。しかし，「真のチャンピオン」というのは，個々の試合の結果にとらわれずに，どんどん完璧な能力に近づけていこうとする，何事にも屈しない意志を持つ人であると言えます。

Chapter 5
第5章
メンタル面のコーチング

　コーチはその専門知識を選手たちに伝えられなければなりません。それはコミュニケーションによって可能となります。人間が持つ，言語を通じてコミュニケーションするという能力は，進化の賜物と言えます。それでもやはりたびたび誤解を招くことがあります。それは選手がコーチの言っていることを聞き間違えるためかもしれません。多くの場合誤解の原因は，コーチと選手の「言語コード」が異なるということです。したがって相手が自分が話していることを正しく理解できているかどうかについて，定期的にフィードバックを得ることが大切です。

　しかしながら，コミュニケーショントレーニングにおいて最も大事なことは，情報発信者と情報受信者の間にどのような関係を築くか，ということに努力することです。

●──同意

　コーチが達成したいことが何であれ，それがうまくいくのは選手がそれに賛同した場合のみ，つまり同意し，協力してくれる場合だけです。例えば絶えずトレーニングに遅刻してくるというように意識的あるいは無意識的に拒絶反応を示す場合は，コミュニケーションを適切にとることは困難です。ここでは「コーチと選手の関係」というテーマに関して少しアドバイスをします。

　コーチに対する選手の同意は，特定のテクニックを駆使することで得られるものではありません。心からではないコーチの笑顔は，「とってつけた」印象を与え，意図したことと正反対の効果を生むことになります。では，いったいどのようなことをすれば同意が得られるのでしょうか。

　コミュニケーション心理学の研究によると，私たちが反応するのは，半

第5章 メンタル面のコーチング

選手の同意を得るためのコーチの心得

○万能な人間などいない，つまりどの選手にも強みと弱みがある。
　→弱みも含めて選手を受け入れる。
○好感の持てる振る舞いをする。楽観的で落ち着いた雰囲気を醸し出す（しかし，同時にプロフェッショナルとしての雰囲気も醸し出す＝お手本となる態度，見た目の清潔感，常に時間通りに行動し，信頼を持たれるようにする）。
○明確な指示を出し，選手が自分のすることがわかっているかどうか確認する。
○課題を与えて「これをしなくてはならない」と命じるのではなく，部分目標を立てる。
○じっくり時間をかける。
○選手の立場に身を置く。
○どんな些細なことでも当然と思わずに選手たちの協力を褒める。
○選手の置かれている状況と真剣に向き合い，その選手の状況を第一に考え一緒に感じようとし，理解しようとし，必要な刺激を与える。
○自分と真剣に向き合ってくれているという感情を選手が持てるようにする。
○決して「善意の助言」をするのではなく（ほぼ間違いなく拒絶を招く），提案を行う。
○何かを言う時は確信を持って言うようにする（例えば食事について選手に課題を与える時には自分でも実践してみる）。
○専門知識を持つ。
○やる気や野心を褒める（たとえそれが結果に結びつかなかったとしても）。
○褒めることを策略的な手段として使わないこと，常に誠実な，正直な，真摯な態度をとる。
○明確なルールを決めて自分もそれに従うようにする（予測できるようにする）。
○楽しい雰囲気を作る。
○コーチとしての特権をできるだけ行使しないようにする。
○チームの他の仲間を軽視したり，いやみを言ったりしない。
○目標に向けてひたむきに努力し，決して目標を見失わないようにする。
○自らお手本であり続けることで他人を鼓舞する。
○感情のコントロール。負けたり勝ったりした時に感情を爆発させないようにする。ミスを客観的に分析する。
○衝突は建設的な形で解決する。トラブルはチームの更なる発展のためだと思って対処する。
○グループのきまりごとやシンボルを大切にする。
○チームのために全力で取り組む，例えば広報担当として，外部に対してチームを代表する。
○最も適した指導のスタイルを無理して探るのではなく，自分の与えられた役割を全うする形でチームを前進させるという真摯な態度で臨む。
○すべての選手に上達の余地があり才能があると考える（「将来のワールドカップ優勝者」）。
○そして最も大事なことは，決してここでのアドバイスを，影響を及ぼすための「テクニック」として利用するのではなくて，自分の中に取り込み，それぞれの状況でできるだけ自然な態度で適用するよう心がけることである。

分以上（55％）が非言語的な情報に対してであるということが明らかにされています。例えばコーチが何かを言う時にさらに身振りによる言語を交えれば，選手は言われた言葉よりもむしろ身振り言語のほうに「耳を傾け」ます。ですからトレーニングの中でコーチが指示を出す時はそれにふさわしい身振り手振りで補うべきです。そして特に試合では，決然とした態度，勝利への意志，確信，他人を認める態度，頼りになる雰囲気が，たとえ負けた時でも表に表れるように示すことが大切です。

●──試合におけるコーチング

DRILLE 試合前のコーチング

1. ドリル「たった5分の約束」（P.69参照）をトレーニングの中で練習する。5分間全力を出す。身振り言語を意識し，ポジティブなオーラを出す。コーチの号令に従って全選手が100％の力で走り，闘い，全力投球するようになるようにトレーニングする。さらに選手がお互いを引っ張っていくようにさせる。チーム全体に「はっぱがかかる」ようにする。試合中に厳しい場面に直面したら（例えば0－1で負けている時，審判の誤審，オウンゴール，ディフェンスのミス）これを繰り返し，チームのモチベーションを高め直す。
   →適用：試合前（試合開始の瞬間から全力が出せるようにする），ハーフタイムおよび試合終了5分前，厳しい状況の時
2. アウェーゲームの前に皆で一緒に行うきまりごとを決める。不慣れな環境の中で何かいつも通りの自分たちに馴染んだことを行うようにする。例えば，パワーミックス（P.33参照）を一緒に準備して飲むなど。
3. 試合直前の更衣室で，みんなで成功のイメージをビジュアル化し，試合前半の具体的な目標設定でミーティングを終わらせる。モチベーションを高める歌を聴き，最終的な戦術的指示を出し（簡潔に），それからグラウンドに飛び出していく。

DRILLE 試合中のコーチング

1. 試合を中断させるきまりごとを作る（アウト，コーナーキック，ファウル）→短い間リラックスするチャンス→試合再開の前に再び集中
2. はっきりとした短い指示を出す。選手を名前で呼ぶ。指示のジェスチャーをあらかじめ決めておく。

■ 第5章 メンタル面のコーチング ■

DRILLE 試合後のコーチング

1. うまくいった試合の後：成功をいつもよりも意識させる。みんなで勝利を祝う。成功を味わう。後でなぜチームとして成功したか明らかにする。
2. うまくいかなかった試合の後：学ぶチャンスであることを強調する。ミスは新たなトレーニングの重点項目を意味する。選手の自己分析能力を促す。失望にも建設的に対処する
   →新たな野心をかき立てる。「こんなことは二度と起きないよ！」
3. 回復措置を施し意識的にリラックスさせる。裸足でクーリングダウンのランニング（脈拍110～120），ストレッチング，軽く身体をスイングする体操，マッサージ，アロマキャンドル，暗めの照明，リラックスする音楽，自分の身体にじっくり回復する時間を与える。
   →選手も楽しみにするような，回復プログラムをあらかじめ作っておくとよい。

● ビデオの使用

トレーニングの場ではビデオカメラを使う頻度はあまりありません。ところが，メンタルトレーニングの分野では実はビデオを活用する場面がたくさんあります。

ビデオを見る視点

○前半，あるいは後半が進む中で選手たちの身体はどんなことを物語っているか（モチベーションが高い，最後まで自分たちの成功を信じている，視線の焦点が定まっている、目標に向かう動き）。
○身振り手振りはどうか。
○厳しい試合場面で選手はどんなことを考えているか（考えていることはポジティブで与えられた課題に即しているか，それとも気をそらすような不適切な考えが見受けられるか）

Chapter 6

第6章
ゴールキーパーのメンタルトレーニング

　ゴールキーパートレーニングに関するアドバイスはたくさんあります。したがってこの章では，あまり知られていないメンタル面の練習方法を紹介したいと思いますが，概観する形でゴールキーパートレーニングの基本原則だけ挙げておきます。

ゴールキーパートレーニングの基本原則

○トレーニング中に，他の選手のシュートをすべて止めるという目的でゴールキーパーをゴールに立たせない。そうではなくて必ず専門のゴールキーパートレーニングを行う（ゴールキーパーとしてのウォーミングアップをしっかりやる。キャッチ，パンチング，ジャンプ，ダイビングを含むゴールキーパーの技術）。

○ゴールキーパーに求められる体力面の条件はフィールドプレーヤーとは異なる。ゴールキーパーに第一に要求されるのはスピード，次にコーディネーションと可動性である（スピードには反応スピードも含まれる。したがって集中力も求められる。というのは反応の能力と集中力は互いに関連し合っているからで　ある）。

○ゴールキーパー用のスピードトレーニングは短いスプリントの反復，坂の駆け上がりと駆け降り，ウエイトトレーニング（重い重量を使い回数は少なめにして実行するスピードを速くする）。

○ゴールキーパー用の目立つユニフォームおよびグローブを用意する（相手攻撃選手の目をゴールではなく自分に向けさせる効果）。

○基礎的な持久力の強化を怠らないようにする（最近ますますゴールキーパーに求められるようになってきている）。

第6章　ゴールキーパーのメンタルトレーニング

ゴールキーパーにメンタル面で求められること

知識
・サッカールール
・ゴールキーパーの技術
・戦術に関する知識
　（いつどのテクニックを使うか，
　ゲームの理解，予測）

能力
・技術の習得
・運動コントロール（コーディネーション）

・自信，精神力
・モチベーション（勝利への意志，野心，「そのボールを止めてみせる！」）
・集中力

● ── 専門知識

　ゴールキーパーに関する専門知識を持つことは，技術を正しく使うための基本条件です。ゴールキーパーは自分の持っている知識をもとに次のように考えられるようになるべきです。

○うまくいった時：「このフリーキックを止められたのは決して偶然ではない。自分が知識と能力を持ち合わせていたから正しい反応ができたのだ。うまく止められたのは自分の力だ。これを土台にしてさらにうまくなっていける。」
○うまくいかなかった時：「確かにこれは予測していなかった。これからはもっと先を考えるようにしないといけない。そのためにはもっと多くのボールの展開パターンを知る必要がある。要するにトレーニングの問題だということだ。自分の弱いところにトレーニングで取り組んでいけば一歩一歩よくなっていくだろう。」

このような楽観的な考えを持てば，うまくいった場合は自分の努力の成果，うまくいかなかった場合はそれが自分の努力不足の結果だと思えるようになるでしょう。こうした基本姿勢は学習のためのモチベーションにつながります。つまり失敗から学んでそれによってどんどん前進するという考え方です。このモチベーションはいずれ成功経験に結びつきます。そしてそれは自分の知識と能力のおかげだということができます。フリーキックを止められたのは決して「ラッキー」なこと，あるいは「偶然」ではなく，自分の持っている能力によるものだということになるので，自信になり，精神力もつきます。

では，どうしてこのようなことが大切なのでしょうか。精神力がないと試合の中で緊張してしまい（「試されているという不安」「失敗するのではないかという不安」），ゴールキーパーとしての技術を発揮するのが困難になり，うまくいったという成功経験をしづらくなるからです。

「頭の中がまっ白になる」あるいは「思考が停止する」という状況は，危険が及んだ時に，すべての思考を停止し，ただひたすら逃げるという原始的な警戒反応のために起こります。「突然何もかもうまくいかなくなってしまった」というのがその時のきまり文句です。この時助けとなるのが，ゴールキーパーの技術，サッカールールや試合展開・戦術に関する正確な知識を持っていることと，ゲームの理解，加えて楽観的な姿勢です。すなわちうまくいった場合は自分の努力の成果，うまくいかなかった場合は努力不足の結果である（したがってその先は自分のミスに集中的に取り組むようになるということ）という考え方です。

これから紹介する練習は，ゴールキーパー特有の知識と楽観的姿勢を養う助けとなります。

DRILLE スピーチを行う

1. ゴールキーパーの役割について詳しくスピーチを行うことを課題とする（時間：最低20分）。
2. フィールドプレーヤーはゴールキーパーがどのようなことを考えているのかを垣間見ることができる。最後には質問をすることもできる。
3. その分野の専門家として，スピーチはもちろん原稿を見ないで行う。

あるテーマが理解できているかどうかは，他人にそのことを伝えなければならない時によくわかります。

知識に穴が見つかったら，それを特定し，コーチと話すようにします。この練習は4週間後にもう一度行います。今度はビデオで撮影をします。ビデオの分析・評価でこの練習は終わりになりますが，次の「本を書く」というドリルにつながっていきます。

> **DRILLE　本を書く**
>
> 1. 自分のスピーチをビデオに撮ったら，それを今度は「ゴールキーパーの役割」という題名の本にする。
> 2. そこには試合の中であなたがしなければならないことを些細なことまで書き留める。例えば第1章は「個々の技術について」，次に「試合における技術の実践」「ペナルティーキックの際の動き」「コーナーキックの際の動き」など。

たとえあまり時間がなくても，このドリルに精いっぱい取り組んでください。ゴールキーパーの役割に関する正確な知識を持つことは，実力の土台となるものですし，その先の成功の条件ともなります。

試合の中であなたに求められることがわかって初めて，あなたが本当に相手にとって危険なゴールキーパーとみなされるようになる「ゴールキーパーの直感」のようなものが生まれます。

それはメンタル面の強さにもつながります。「自分は本が書けるほどゴールキーパーの役割について多くのことを知っている。これは私がエキスパートである証である。」

● ─── 楽しさを生み出す

試合中のポジティブな雰囲気はとても重要です。自分を超えて伸びようとするのであれば，取り組む課題に楽しみと喜びを見出すことが必要です。それにはどうすればよいのでしょうか。一気にそれを達成することはできませんが，楽しさを促すような要因はたくさんあります。

楽しさを生み出す要因

○試合中に自分に何が求められているかについて正確な知識を持っていることは自信を生み出す。そのための理想的な練習はすでに紹介したスピーチをする方法と本を書く方法である。

○自分の生活をシンプルにする。
　この点を過小評価してはいけない。自分たちにとって重要だと思われる物事に集中するようにして，それらをいつもよりも楽しみ，気持ちを集中させるべきである。

○うまくいったことを鮮明に思い浮かべる。
　いつも以上にうまくいった体験を自分に刻み込むようにする。うまくいったことを毎日書き留め，特に試合直前にそれを読み返すようにする。成功というのはワールドカップで優勝するとか，賞金をいくらもらうというようなことではない。これらは成功の副産物に過ぎない。本当の成功はあなたがサッカー選手として，才能を持った選手の多くがあなたの今の立場に立ちたいと思い，あなたが得たようなチャンスを待ち望むような人生を送ることができるということである。本当の成功は，スポーツにおけるこの１回のチャンスを認識し，待ち構えているさまざまな問題や障害を挑戦とみなし，必要な結論をそこから導き出すことにある。そうすることで一歩一歩前進していくことができるのである。
　それをまずは理解する必要がある。この点が理解できたら例えば本書を読んだことも成功だと言えるし，あるいは次回のトレーニングも成功したと言える。また別の何かに自分のチャンスを見出し，たとえ結果がどうであれ，それを生かしていくことも成功と言える。これがわかればワールドカップに優勝しなくても成功はきょうすぐにでも可能となる。あなたの姿勢をグラウンドの中で身振り言語や表情を使って表に出すようにすること。勝者の笑顔とチャンピオンの卓越した落ち着きは，試合結果がどうであれ，あなたが我が道を進み誰にも惑わされないということを他の人にわからせる。そしてある試合でミスをたくさんしてしまったとしても，それはその試合でたくさんのことが学べたことを意味するので喜ぶべきである。

○何をしてもうまくいかない場合は，楽しんでいるフリをする。
　あきらめてしまうことよりはましである。しかし，これもあなたが確信を持ってできなければうまくいかない。すなわち満面の笑みをたたえ，腹筋に力を入れ（まっすぐな姿勢），気持ちの入った歩き方，集中した目線，そして「こうするのが好きだ！」と自分自身に言うことができなければならない。

■ 第6章　ゴールキーパーのメンタルトレーニング ■

監訳者注

《パラグラフ・ライティングと物語の構造》

「ゴールキーパーの役割をスピーチしましょう。本に書きましょう」と簡単に言われても，スピーチや文章の組み立て方の知識とスキルを持っていないと，どこから手をつけてよいかわかりません。ここでは，文章の基本構成である，「パラグラフ・ライティング」と「物語の構造」について説明します。

1．パラグラフ・ライティング

パラグラフ・ライティングは，ある事柄を簡潔に事務的に説明する時に有効な文章構成法です。次のように構成します。

Topic Sentence 主題文・題目文など	文章の中で最も主張したいこと，文章の主題となる事柄，結論や意見などを書く。支持文で述べる内容の予告の役割もする。
Supporting Sentences 支持文	Topic Sentenceにおける主張を支える部分。Topic Sentenceに係わる根拠，具体例，事例など
Concluding Sentence 結論・まとめ	主張の繰り返し，全体のまとめ。先の部分を踏まえたうえでの今後の展望，今後の抱負など

先に説明した，「問答」や「描写」の文章は，いずれも実はこのパラグラフ・ライティングの構成に則って書いてあります。

●問答（P.20）の例

Topic Sentence 主題文・題目文など	私は今周囲の人々が私を知らない場所へ行ってゆっくりと休養したいです。
Supporting Sentences 支持文	なぜなら私はこの半年間，常に人目にさらされることを意識する環境の中で自分を保ち，自分ができる最善の仕事をしてきました。私は常に緊張状態にあったため，現在かなり精神的に疲労を感じています。
Concluding Sentence 結論・まとめ	だから私を知っている人が誰もいない場所にしばらく出かけ，のんびりとリラックスをして過ごし，緊張を解く必要があります。

●描写（P.104）の例

Topic Sentence 主題文・題目文など	フランス共和国の国旗は次のような物である。
Supporting Sentences 支持文	全体の形は，横長の長方形である。長方形は，縦2，横3の比率で構成されている。模様は縦縞で，縞の数は3本，幅は均等である。色は3色で，左から順に青，白，赤である。
Concluding Sentence 結論・まとめ	以上がフランス共和国の国旗である。

2．物語の構造

パラグラフ・ライティングの場合，最初に最も主張したいことが提示されるため，聞き手は，その後の話の展開を予測しつつ話に耳を傾けることができます。

つまり，Topic Sentenceとして主張が提示されると，聞き手は，「なぜそう考えるんだ？ どうしてそんなことになったのだ？ その原因はどこにあるのか？」という聴き方ができるため，聞き手にとって，話が非常にわかりやすくなるわけです。また話し手にとっても，最初に自分の話したい事柄のゴールを提示するため，道に迷わずにゴールにたどり着ける可能性が高くなります。

話が長い場合には，パラグラフを組み合わせて，文章を構成します。次のような形です。試みに「ゴールキーパーの役割」で文章を組み立てようとすると，次のような構成になります。

序論（導入）	ゴールキーパーの役割とはどのようなものか。
序論では本論で述べることを予告する	①個々の技術，②試合における技術の実践，③ペナルティーキックの際の動き，④コーナーキックの際の動きについて説明が本文の目的
本論（本体）	1番目のパラグラフ Topic S.：個々の技術 Supporting S.：個々の技術の具体例 Concluding S.：まとめ 2番目のパラグラフ Topic S.：試合における技術の実践 Supporting S.：技術の具体的実践例 Concluding S.：まとめ 3番目のパラグラフ： Topic S.：ペナルティーキックの際の動き Supporting S.：動きの具体的実践例 Concluding S.：まとめ 4番目のパラグラフ Topic S.：コーナーキックの際の動き Supporting S.：動きの具体的実践例 Concluding S.：まとめ
結論	ゴールキーパーの役割とはどのようなものか 全体のまとめと結論

もう一つ，文章の組み立て方には「物語の構造」を応用する方法もあります。こちらはパラグラフ・ライティングの構成よりも柔らかく，物語的に話を進めて，相手の共感を引き出したい場合，相手を納得させて自分の考えている方向に動かしたい場合などに有効な文章構成法です。

「物語の基本構造」とは次のようなものです。

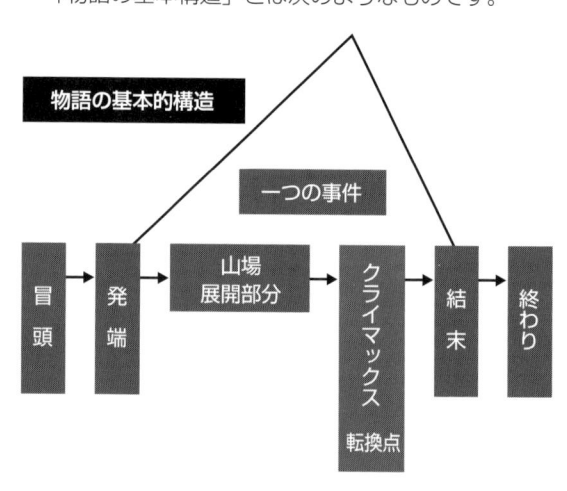

物語の基本的構造

一つの事件

冒頭 → 発端 → 山場 展開部分 → クライマックス 転換点 → 結末 → 終わり

各部分には次のような意味と役割があります。

(1) 冒頭…状況の設定と主人公の紹介
活躍の場所や時間（時代），環境の設定，主人公の状況や人となりの提示

(2) 発端…事件の発生，状況の複雑化
「物語＝事件」主人公に対立する物の登場。対立する物は，敵の場合もあれば，病気やけが，苦悩，障害，災害などさまざま。共通点は，主人公よりも存在が大きく，勢力が強いこと。

(3) 山場…展開部分，主人公の冒険
状況の緊迫化。緊張感の増大。
「昔話」では3回事件が繰り返されるのが一般的。1，2回では物足りなく，4回以上では冗長感があるため（例えば「桃太郎」では，桃太郎は犬，猿，雉と3種類の動物に出会い，それぞれ同じよ

うな状況が繰り返されながらも確実に桃太郎の最終目標である鬼退治に向かうために必要な戦力を向上させていく。またグリム童話の「白雪姫」では，悪い女王は紐，櫛，毒林檎とやはり3種類の道具を用いて白雪姫を始末しようと試みる）。

(4) 頂点（クライマックス）…転換点

　弱者の立場にあった主人公と強者の立場にあった敵の立場が逆転し，物語が最高潮に達する部分

(5) 結末…事件の結末

　発端に始まった事件が収束し，主人公の環境が安定

(6) 終わり…教訓，読者への問いなど

　主人公のその後の人生が語られたり，教訓や読者への問いが提示される。

(4) クライマックス

　障害の克服の瞬間

(5) 結末

　障害を克服した現在の状況

(6) 終わり

　同じように障害にぶつかった時どのように対応するかについての助言

この「物語の構造」は，自分の置かれた状況を説明したり，障害を克服して自分が現在のような成功に至った経緯を説明したりするのにはうってつけです。例えば，後者の経緯を説明するのに，「物語の構造」を応用してみましょう。

3．パラグラフ・ライティングと物語の構造の使い分け

　パラグラフ・ライティングと物語の構造は，必要に応じて使い分けます。自分の主張を明確に提示したい時に有効なのはパラグラフ構造の文章構成法であり，一方，相手を引きつけ，相手に語りかけるように自分の話をしたい時に有効なのは物語構造の文章構成法です。どちらが有効かについては，自分自身で状況をよく分析し，判断しましょう。また，物語の構造を序論（導入）として用いて相手の共感を得てから，自分の述べたことを効率よくパラグラフの形式で主張するという方法もあり，これもまた有効な方法です。

(1) 冒頭

　自分が現在ある事柄に成功しているという状況説明。順風満帆だった自分のキャリアに突然障害が発生し，ここに至るまでの過程には紆余曲折があったことの説明

(2) 発端

　発生した障害の説明

　障害によって追い込まれた自分の状況の説明

　障害の克服を決意（「障害克服」という「冒険」への出発）

(3) 山場

　①1番目の挑戦

　②2番目の挑戦

　③3番目の挑戦

● ワンショット・トレーニング

　ご存じの通り，ゴールキーパーはフィールドプレーヤーに比べプレーする機会がはるかに少ないと言えます。ですからボールに触れるそのわずかな機会にはしっかりとプレーしたいと思うのは当然です。こうしたプレッシャーに慣れるのに役立つのがワンショット・トレーニングです。

　大事なのはその時の条件です。すなわちチャンスはたった一度だけということです。あなたがシュートを止めるか否かだけです。この練習の意義は，「自分には1回のチャンスしかない。ここが大事だ！」という状況に慣れることにあります。

DRILLE　ワンショット・トレーニング

1. 1回のトレーニングが終わるごとに，1人のフィールドプレーヤー（毎日交代）にあなたの立つゴールにシュートを1本うつ機会が与えられる。
2. フィールドプレーヤー自身がフリーキック，ペナルティーキック，攻撃または他の選手の協力のもとコーナーキックのどの場面にするかを決める。

● 反応スピード・トレーニング

　残念なことに反応スピードのトレーニングはいまだに重視されていないのが現状です。きちんとねらいを持った適切なトレーニングをすれば驚くほどの改善がみられるだけに，なおさら残念に思われます。

　私自身の調査では，8週間の反応トレーニングの後，反応時間に20～30％もの改善がみられました。しかもこれはその道のエキスパートたちにみられた結果です。つまり，反応時間についてはすでにかなりトレーニングし尽くされていると思われるレベルの選手においてこのような効果が出たのです。

　こうした結果はそれまでのトレーニングが十分にシステマティックに行われてこなかったことが原因かもしれません。反応時間トレーニングは楽しい要素が多いので，コーチの中には，「こんなに楽しいということはあ

まりトレーニングになっていないのではないかと」と思う人がしばしばいるほどです。ところがその反対なのです。トレーニングが楽しければ楽しいほどモチベーションを高めますし，そのほうが効果も上がると言えます。

> **DRILLE** 反応時間トレーニングⅠ－よく知られているトレーニング
>
> 1．週2回，各15～30分間実施する。最も望ましいのはウォーミングアップ後である。
> 2．蹴る人に背中を向けて立った状態からボールが蹴られた瞬間に初めて振り向く，2本のシュートを同時に止める，走っている方向と逆の方向へ動く，異なる合図ごとに違うキーパー技術を使うなど。

DRILLE 反応時間トレーニングⅡ－あまり知られていないトレーニング

1．コーディネーション・トレーニングが反応スピードを養う

ジャグリングやバランス練習（「不安定板」），2つのボールを使って同時にドリブル，サークルトレーニング，障害物走

2．集中力トレーニングが反応スピードを養う

●集中力の練習
　(1)　キーパーAは目を閉じ，フィールドプレーヤーのB，C，D，EとFはコーチの指示通りのポジションにつく。Aは1秒間だけ目を開けすぐにまた閉じ，頭の中で見えていることを報告する。ここでの目的は，グラウンドの状況をできるだけ早く把握することにある。
　(2)　集中力（消去）テスト（P.52～57参照）を行う（一つひとつのテストはトレーニングでもある）。

3．カフェインが反応スピードを向上させる

試合の1時間前に2～3杯のコーヒーを飲む（カフェイン濃度：体重1kgあたり3～6mg）。

注意：調整機能に影響（技術が不正確に→ミスの確率が上がる）が出ないようにするためにも，絶対に摂取し過ぎないよう注意する。特に大事なことは，カフェインには利尿作用があるので水分や電解質の補給欲求が高まるということである。毎日カフェインを摂取していると，身体がそれに慣れてしまうことがある。また個人差があるのでこれにも配慮する（いくつかの研究によるとカフェインが反応スピードに与える影響はまったくない，あるいはごくわずかであるということが明らかにされている）。いわゆる「エネルギードリンク」はブドウ糖の量が多過ぎるので飲まないようにする。

4．動きを頭の中でイメージすることが反応スピードを良くする

ゴールキーパーは自分のゴールキーパーとしての技術がどのように機能するのかを正確に知る必要がある（頭の中の技術トレーニングを行う／動きの自動化）。習得段階では，戦術的なゲームのバリエーションもやってみよう。

5．眠気は反応スピードを鈍らせる

選手を試合前に「揺り起こす」。目標を明確にする。活性化を図るための練習をさせる。試合前にはリラックスする練習はしない。

6．サッカーは100m走ではない

多くの場面で「すばやい決断力」（**シュナーベル他**）が問われることになる。すなわちただ速く行うということではなく，よく考えた行動が要求される（「できるだけ賢く」）。過剰な興奮状態あるいは「何も考えずに」試合をしている時は，呼吸や落ち着きを取り戻すことなどによってリラックスし，興奮状態を抑えるようにする。

Schnabel,G.,Harre,D.&Borde,A.(Hrsg.)(1994).*Trainingswissenschaft*,(178) Berlin:Sportverlag.

参 考 文 献

- Andersen,M.B.(Hrsg.)(2000).*Doing sport psychology*.Champaign,IL:Human Kinetics.
- Bower,G.H.(1972).A selective review of organizational factors in memory.In:E.Tulving,W.Donaldson (Hrsg.).*Organization of Memory*.New York:Academic Press.
- Bücker,J.(1977).*Anatomie und Physiologie*.Stuttgart:Thieme.
- Baumann,S.(1986).*Praxis der Sportpsychologie*, München;Wien;Zürich:BLV.
- Csikszentmihalyi,M.(1975).*Beyond Boredom and Anxiety.The Experience of Play in Work and Games*. San Francisco:Jossey.
- Draksal,M.(2000).*Mit mentaler Wettkampfvorbereitung zum Erfolg*.Linden:Draksal.
- Draksal,M.(2001a).*Mehr Konzentration im Sport*. Linden:Draksal.
- Draksal,M.(2001b).*Einfach zuhören und mental stark werden*.Audio-CD.Linden:Draksal.
- Draksal,M.(2002).*Entspannungstraining und Einschlafhilfe*.Audio-CD.Linden:Draksal.
- Grau,U.,Möller,J.&Rohweder,N.(1990).*Erfolgreiche Strategien zur Problemlösung im Sport*.Münster: Philippka.
- Harmsen,B.(2002).*Basketball emotional.Mit mentaler Spielstärke zum Erfolg*.Linden:Draksal.
- Heil,J.(Hrsg.)(1993).*Psychology of sport injury*.Champaign,IL:Human Kinetics.
- Janssen,J.-P.(1995).*Grundlagen der Sportpsychologie*.Wiesbaden:Limpert.
- Kratzer,H.(2000).Psychologische Inhalte der Unmittelbaren Wettkampfvorbereitung(UWV). *Leistungssport*,3,2000,4-10.
- Konzag,G.(1974).Aufmerksamkeit und Sport.Ein Beitrag zur theoretischen Grundlegung der Sportpsychologie.Unveröff.Diss.B.,Martin-Luther-Universität,Halle.In:Janssen,J.-P.,Hahn,E.&Strang, H.(Hrsg.):*Konzentration und Leistung*.Göttingen:Hogrefe,1991,(144)
- Lindemann,H.(1998).*Überleben im Streß-Autogenes Training*.München:Heyne.
- Maaβ,E.&Ritschl,K.(1997).*Teamgeist:Spiele und Übungen für die Teamentwicklung*.Paderborn: Jungfermann.
- Maier,S.(1984).Stress:Depression,disease and the immune system.Science and public seminars. Washington,DC:Federation of Behavioral,Psychological,and Cognitive Sciences.
- Nairn,R.(1998).*Mit dem Drachen fliegen.Ruhe und Klarheit durch Buddhismus und Meditation*. München:DTV.
- Porter,K.,Foster,J.(1988).*Mentales Training:Der moderne Weg zur sportlichen Leistung*.München; Wien;Zürich:BLV Verlagsgesellschaft.
- Richartz,A.(2001)Alles halb so schlimm! Wie junge Athletinnen und Athleten Schmerzen und Verletzungen bewältigen.*Leistungssport*,4,(47-52)
- Röder,K.-H.& Minich(1987)*Psychologie des Überlebens.Survival beginnt im Kopf*.Stuttgart:Pietsch.
- Taylor,J&Taylor,S.(1997).*Psychological approaches to sports injury rehabilitation*.Gaithersburg, MD:Aspen.
- Waesse,H.(1995).*Yoga für Anfänger*.München:Gräfe und Unzer.
- Witte,W.(1988).*Einführung in die Rehabilitations-Psychologie*.Bern;Stuttgart;Toronto:Huber.

［監訳者紹介］

三森ゆりか（さんもり ゆりか）
　上智大学外国語学部ドイツ語学科卒業後，丸紅勤務を経て上智大学大学院文学部博士前期課程中退。現在，つくば言語技術研究所所長。(財) 日本サッカー協会コミュニケーション・スキル専任講師。言語技術の指導をサッカーはじめスポーツ分野に展開。選手に必要な論理的思考力，分析的な読み，論理的表現力などの言語技術を指導。関係著書は多数。

田嶋幸三（たしま こうぞう）
　筑波大学在学中から日本代表 FW。卒業後は古河電工サッカー部（現ジェフユナイテッド千葉）に所属。その後，旧西ドイツのケルン体育大学留学，筑波大学大学院修士課程体育研究科終了。U-19 以下日本代表監督，S級指導者講習講師，技術委員会委員長を歴任。現在，(財) 日本サッカー協会専務理事。JFAアカデミー福島初代スクールマスター。

［訳者紹介］

今井純子（いまい じゅんこ）
　筑波大学大学院博士課程文芸言語研究科単位取得卒業。在学中にダブリン大学に留学。
　現在，(財) 日本サッカー協会技術部テクニカルハウス勤務。これまでに，サッカーやトレーニング関係を中心としたスポーツ図書の執筆および翻訳を数多く手がけている。

ワークとドリルで学ぶ サッカー実戦メンタル強化法
©Yurika Sanmori & Kouzou Tashima　　NDC 783　127p　24cm

初版第1刷——2007年5月20日

著　者————ヘルムート・スヴォボーダ／ミヒァエル・ドラクザル
監訳者————三森ゆりか／田嶋幸三
訳　者————今井純子
発行者————鈴木一行
発行所————株式会社 大修館書店
　　　　　　〒101-8466　東京都千代田区神田錦町3-24
　　　　　　電話03-3295-6231（販売部）　03-3294-2358（編集部）
　　　　　　振替00190-7-40504
　　　　　　［出版情報］http://www.taishukan.co.jp

装丁・本文デザイン・DTP————齊藤和義
カバー・本文写真————スタジオ・アウパ
印刷————三松堂印刷　　製本————難波製本

ISBN 978-4-469-26606-1　Printed in Japan
Ⓡ本書の全部または一部を無断で複写複製（コピー）することは，著作権法上での例外を除き禁じられています。